Neil Clark Warren

Alles Lambada!

Es darf ruhig Spaß machen, verheiratet zu sein

R. BROCKHAUS VERLAG WUPPERTAL

ABCteam-Bücher erscheinen in folgenden Verlagen:

Aussaat Verlag Neukirchen-Vluyn
R. Brockhaus Verlag Wuppertal
Brunnen Verlag Gießen und Basel
Christliches Verlagshaus Stuttgart
Oncken Verlag Wuppertal und Kassel

Die amerikanische Originalausgabe erschien
unter dem Titel: »Catching the Rhythm of Love«
bei Thomas Nelson Publishers, Nashville, USA

Deutsch von Ulrike Chuchra

Umschlaggestaltung: Ursula Stephan, Wetzlar
Umschlagfoto: stone – Getty Images, München
Gesamtherstellung: Breklumer Druckerei Manfred Siegel KG
ISBN 3-417-11252-4
Bestell-Nr. 111 252

INHALT

Einleitung:

Vom Mittelmaß zum Höhenflug – machen Sie mehr aus Ihrer Ehe

Wahrscheinlich wünschen Sie sich in Ihrer Ehe deutlich mehr Zufriedenheit und Erfüllung, und dieses Buch gibt Ihnen vielleicht den entscheidenden Impuls, um aus Ihrer mäßig spannenden Beziehung etwas Wunderbares zu machen. Vielleicht spüren Sie die Sehnsucht – und vielleicht beten Sie sogar dafür –, dass zwischen Ihnen und Ihrem Partner etwas Einschneidendes geschieht, dass eine Kraft freigesetzt wird, die Ihrer Ehe neuen Schwung gibt. Die Absicht dieses Buches ist es, einen Schub in Ihrer Ehe zu bewirken, der Sie nach vorne treibt und Ihnen mehr Hoffnung gibt, als Sie seit Jahren haben.

Eine Ehe so zu gestalten, dass sich *beide* Partner daran freuen und einen Sinn in ihr sehen können, ist nicht leicht, und die erschreckende Zahl von gescheiterten Ehen in unserer Gesellschaft ist mir schmerzlich bewusst. Es wäre schlimm, wenn auch Sie noch die Hoffnung verlören. Viele Ihrer Freunde und Bekannten haben in puncto Ehe sicher längst aufgegeben, und vielleicht sind Sie versucht, ihrem Beispiel zu folgen. Und selbst wenn Sie nicht alles hinwerfen, haben Sie möglicherweise beschlossen, sich mit dem momentanen Zustand Ihrer Ehe zufrieden zu geben. Beides kann ich nicht empfehlen. Dieses Buch will Ihnen und Ihrem Partner oder Ihrer Partnerin eine große Portion Hoffnung und Begeisterung für Ihre Ehe vermitteln und viele praktische, erprobte Ideen, wie Sie Ihre Beziehung immer weiter verbessern können. Wenn Sie beide sich darauf einlassen, dann sind Sie auf dem besten Weg, den Lambada der Liebe zu tanzen. Verstehen Sie mich nicht falsch: Sie müssen nicht tanzen lernen. Aber einen übereinstimmenden Rhythmus zu finden, so dass das Leben wieder harmoniert, kann für Eheleute so beglückend und aufregend sein wie ein gemeinsam getanzter, temperamentvoller lateinamerikanischer Tanz.

Zum Glück muss eine Ehe nicht perfekt sein, um Freude zu machen. Sie brauchen nicht die ideale Beziehung aufzubauen, um tiefe Zufriedenheit zu erleben. *Alles, was Sie brauchen, ist das klare Bewusstsein, dass Sie sich unwiderruflich auf Ihr Ziel zubewegen.* Hoffnung entsteht da, wo Sie starke Sehnsüchte und Erwartungen nähren. Ich gehe davon aus, dass Sie bereits den Wunsch nach einer richtig guten Ehe in sich tragen, und dieses Buch gibt Ihnen die Mittel an die Hand, Ihre Erwartungen zu verwirklichen.

Ich behaupte, einen Plan zu haben, der Ihre Ehe verbessern wird. Wenn Sie das Buch ausgelesen haben und seine Tipps umsetzen, das verspreche ich Ihnen, wird Ihre Ehe sich nach und nach von »es geht so« zu »wunderbar«, von »nichts Besonderes« zu »außergewöhnlich« bewegen. Also, worauf warten Sie noch? Fangen Sie an zu lesen!

»Aha«, sagen Sie, »aber woher weiß *ich*, dass *Sie* etwas von dem verstehen, was Sie da erzählen? Warum sollte ich Ihnen glauben, dass Sie den Durchblick haben, der *unsere* Ehe verbessern kann?«

In Ordnung. Ohne jetzt zu laut ins Horn blasen zu wollen, möchte ich Ihnen meine Qualifikationen in einem Abschnitt aufzählen: Seit mehr als drei Jahrzehnten arbeite ich als klinischer Psychologe und habe mich schon mit allen denkbaren Eheproblemen befasst – einige davon ähneln Ihren ganz bestimmt. Ich habe Fragen der Ehe und Eheberatung aus zig Blickwinkeln erforscht. Ich habe mehrere Bücher über Partnerschaft und zahllose Zeitschriftenartikel zum Thema Ehe geschrieben. Ich habe weltweit Vorträge über die Ehe gehalten und bin mehr als 2000-mal für Radio- oder Fernsehprogramme zum Thema Ehe interviewt worden. Außerdem, und das ist vielleicht am wichtigsten, bin ich seit 40 Jahren glücklich verheiratet, und meine Frau und ich haben drei Töchter, die auch glücklich verheiratet sind.

Wenn Sie ein brennendes Bedürfnis nach einer besseren Ehe mitbringen und ich Jahre der beruflichen Erfahrung, dann ist unsere gemeinsame Verbindung vielleicht genau das, was Sie brauchen. Vielleicht ist Ihre Ehe in den letzten Monaten oder sogar Jahren ständig schlechter geworden. Und vielleicht stehen Sie kurz davor, das Handtuch zu werfen. Es interessiert mich gar nicht so sehr, was vorher alles *nicht* funktioniert hat. Ich bin einfach nur froh, dass Sie noch nicht aufgegeben haben. Ich bin sicher, dass wir gemeinsam dafür sorgen können, dass Ihre Ehe wieder einen Schub nach vorn bekommt.

Kann es innerhalb eines Jahres mit Ihrer Ehe spürbar vorangehen?

Natürlich kenne ich die Einzelheiten Ihrer persönlichen Situation nicht. Aber unabhängig von den Umständen bin ich davon überzeugt, dass Sie die Qualität Ihrer Ehe um mindestens zehn Prozent innerhalb des nächsten Jahres steigern können. Wenn Ihnen das gelingt, erhält Ihre Partnerschaft neue Hoffnung und Optimismus. Wenn Ihre Ehe alle 12 Monate um zehn Prozent gewinnt, dann ist die Chance auf weitere zehn Prozent in den folgenden 12 Monaten sehr groß. Das Wachstum bringt eine positive Dynamik hervor: Je mehr man wächst, desto wahrscheinlicher ist noch größeres Wachstum.

Ich ermutige verheiratete Paare, in ihren Erwartungen vernünftig zu bleiben. Sie sehnen sich in Ihrer Ehe vielleicht nach einem Wunder, das Ihre Beziehung grundlegend verändert, aber so etwas passiert nur selten. Wenn Sie erwarten, dass Sie von jetzt auf nachher eine Bilderbuchehe führen, dann werden Sie durch viel bescheidenere Erfolge wahrscheinlich bald entmutigt.

Behalten Sie das im Auge: Angenommen, Ihre Ehe wird jedes Jahr um zehn Prozent besser – stellen Sie sich nur einmal vor, wie wundervoll und beglückend ihre Beziehung in fünf Jahren sein wird. Und bleiben Sie da nicht stehen. Schauen Sie 10 oder 15 Jahre nach vorn. Sieht das nicht nach einer großartigen Ehe aus?

Vier Grundsätze, mit denen Sie Ihre Ehe verbessern können

Wenn Sie wollen, dass Ihre Ehe immer stärker wird, dann gewinnen Sie durch die folgenden vier Grundsätze sofort einen gewissen Vorsprung.

Zuerst einmal müssen Sie sich über Ihre Ziele völlig klar werden. Was *genau* wünschen Sie sich für Ihre Ehe? Oft frage ich Paare, die zu mir in die Eheberatung kommen, wie ihre Beziehung am Ende unserer Gespräche aussehen soll, und viele äußern sich nur sehr vage. Der eine Ehepartner sagt zum Beispiel: »Na ja, ich glaube, es wäre schön, wenn wir romantischer und herzlicher miteinander umgehen könnten.« Oder: »Unser Ziel ist, weniger zu streiten und uns mehr aneinander zu freuen.« Das ist, wie wenn man zum Autohändler geht und dem Verkäufer sagt, dass man ein Fahrzeug mit einem Motor und vier Rädern möchte. Wenn es um die Ehe geht, dann müssen Sie einen konkreten Traum haben und sämtliche Veränderungen, die Sie sich erhoffen, bis ins Einzelne beim Namen nennen. Wenn Sie Ihr genaues Ziel nicht kennen, verschwenden Sie eine Menge Zeit und Kraft um herauszufinden, wohin Sie wollen.

Das Zweite ist, dass eine Veränderung immer nach und nach geschieht. Das muss uns bewusst sein. In unserer Gesellschaft wollen die Menschen immer sofortige Ergebnisse. Geschichten vom Erfolg, der über Nacht eintritt, hören wir gern. In Fernsehshows werden komplizierte Probleme in einer halben Stunde scheinbar gelöst. Das prägt unsere Vorstellungen. Aber im echten Leben dauert es länger, bis sich die Träume für unsere Ehe erfüllen. Wenn Sie damit rechnen, dass plötzlich alles perfekt ist, können Sie noch lange warten. Wenn Sie aber anfangen, Ansätze der Veränderung zu erkennen, auch wenn Sie Ihr eigentliches Ziel noch nicht erreicht haben, dann wächst Ihre Hoffnung, und durch Ihre Freude über den Fortschritt wird noch größerer Fortschritt umso wahrscheinlicher.

Der dritte Grundsatz: Ermutigung ist eine starke Kraft, um eine Ehe voranzubringen. Wenn Sie und Ihr Partner anfangen, Verbesserungen in Ihrer Beziehung zu sehen – selbst wenn es nur ganz kleine sind –, dann sollten Sie sich gegenseitig damit anspornen. Diese positive Verstärkung erhöht die Wahrscheinlichkeit, dass die Veränderungen dauerhaft werden und weitere Veränderungen nach sich ziehen, ganz entscheidend. Darüber hinaus ist es von großer Bedeutung, auf welche Weise Sie Ihren Partner ermutigen. Manche

Menschen möchten mit Worten gelobt werden. Andere fühlen sich geliebt, wenn man ihnen mehr Zeit widmet. Andere sehen vielleicht in einer greifbaren Belohnung eine Ermutigung – das kann ein kleines Geschenk sein oder dass man an einem Abend zusammen ausgeht.

Das Vierte ist, dass man bei jedem Menschen mit Belohnen mehr erreicht als mit Bestrafen. Wenn Ihre Ehe nicht so verläuft, wie Sie es wollen, dann bringt es nichts, Ihren Partner zu bestrafen. Sie werden keinen Erfolg haben, wenn Sie Ihren Partner anschreien, Drohungen ausstoßen, nicht mehr mit ihm reden, ihn kritisieren oder dauernd an ihm herumnörgeln. Wer den anderen beschimpft, massiven Druck ausübt, ihn unterdrückt oder erniedrigt, ist auf dem besten Weg, seine Ehe zu ruinieren – nicht zu retten. Aber das ist ja wohl jedem klar.

Warum ich meinen Ansatz für etwas Neues halte

Im Lauf der letzten Jahrzehnte haben sich Psychologie, Psychiatrie und verwandte Disziplinen, die sich mit dem menschlichen Geisteszustand beschäftigen, auf eine problemorientierte Vorgehensweise konzentriert. Wer in diesen Bereichen praktiziert, versucht normalerweise zuerst herauszufinden, was *nicht* stimmt, und sucht dann nach einer Lösung. Wenn Sie zu einem Berater gingen, würden Sie wahrscheinlich ziemlich bald die Aufforderung hören: »Und nun sagen Sie mir, was in Ihrer Ehe schief geht.«

So ein Vorgehen nenne ich die *Mechanikermethode*. Was passiert, wenn Sie unter der Motorhaube Ihres Wagens ein seltsames Geräusch hören? Sie bringen das stotternde Fahrzeug zu einem Mechaniker, der alles überprüft, feststellt was los ist, und das defekte Teil ersetzt. Aber Menschen sind keine Autos, und Beziehungen kann man nicht dadurch in Ordnung bringen, dass man Ersatzteile einbaut! Aus diesem Grund scheitert der problemorientierte Ansatz in der Eheberatung oft.

Vor kurzem wollte mir mein Bekannter Andrew erklären, warum

er und seine Frau sich hatten scheiden lassen. »Als wir echte Probleme in unserer Ehe bekamen«, sagte er, »gingen meine Frau und ich in eine Therapie. Wir hatten ungefähr 20 Sitzungen, und nach jeder Sitzung wurde unsere Beziehung noch schlechter.«

Ich war versucht, meinen Berufsstand zu verteidigen, aber ich habe schon genug ähnliche Geschichten gehört, um zu wissen, dass so etwas oft passiert.

»Warum waren die Gespräche so wenig hilfreich?«, fragte ich.

»Unsere Therapie bestand darin, unsere Probleme aufzulisten und eins nach dem anderen unter die Lupe zu nehmen«, sagte Andrew.

»Und was ist passiert?«, wollte ich wissen.

»Es war eine Katastrophe!« Er schrie fast. »Wir untersuchten jedes Problem mit peinlicher Genauigkeit. Wir sprachen endlos lange über unsere Schwächen und Fehler. Am Ende jeder Sitzung fühlten meine Frau und ich uns wie Schwergewichtsboxer nach der zwölften Runde. Am schlimmsten aber war, dass unsere Wunden danach ein bisschen heilten, bis eine Woche um war und wir wieder hingingen und uns gegenseitig den Schorf abrissen. Der Aderlass ging von vorne los. Auf der Fahrt nach Hause sprachen wir selten miteinander, und danach waren wir noch tagelang wütend und gereizt.«

Abschließend sagte Andrew: »Unsere Therapie gab uns keine neue Hoffnung, sondern das Gefühl, alles sei hoffnungslos.«

Auf diese Weise kann man keine Ehe stärken! Und es sollte Schluss sein damit! Ich bin davon überzeugt, dass hier in Amerika jedes Jahr Tausende von Ehen in die Brüche gehen, weil einige professionelle Berater den wohlmeinenden, aber irregeleiteten Versuch machen, alle ehelichen Probleme und Mängel aufzudecken und zu beleuchten. Dieses Vorgehen führt normalerweise dazu, dass der Schmerz wie eine Flutwelle über das Ehepaar hereinbricht und ihre Liebe in der Tiefe des Meeres versinkt.

Natürlich muss man sich letzten Endes mit Problemen auseinander setzen, aber nicht, wenn die Ehe verkümmert und ausgezehrt ist, sondern nachdem sie einige dringend benötigte Aufbaustoffe erhalten hat. Wenn das geschieht, wiegen die Probleme oft gar nicht mehr so schwer.

Der erste neuartige Grundsatz in diesem Buch ist folgender: *Sie geben Ihrer Ehe die größtmögliche Gelegenheit zu wachsen, wenn Sie Ihr Nahrung geben, sie aufbauen und stärken, bevor Sie sich mit den Problemen befassen.* Wenn Ihre Ehe am Boden liegt, sollten Sie sehr vorsichtig mit allen therapeutischen Ansätzen sein, die von Ihnen beiden verlangen, dass Sie sich über die Schwächen, Mängel und Fehler des anderen auslassen. Es könnte sonst passieren, dass Ihre Ehe nach dieser Behandlung noch mehr geschädigt ist als vorher.

Zweitens wird eine Ehe dadurch gestärkt, dass zwei Menschen regelmäßig positive Erfahrungen miteinander machen, die die Bindung zwischen ihnen stärken. Es gibt Tausende von Erfahrungen, durch die Sie zusammengeschmiedet werden können. Manche Leute lesen Bücher zusammen, andere reisen in ferne Länder und wieder andere spielen Tennis. Das Entscheidende daran ist, dass beide Partner diese Erfahrungen bewusst zusammen erleben.

Drittens stellt dieses Buch eine meines Erachtens grundlegende Technik vor, wie man eine Ehe stärken kann; ich nenne sie *die zielgerichtete Wahrnehmung*. Ich werde noch in allen Einzelheiten darauf eingehen, aber hier eine kurze Erklärung, um was es dabei geht: Wenn zwei Menschen ihr Denken und Fühlen auf die gleiche Sache ausrichten, entsteht zwischen ihnen eine Verbindung. Und wenn sie gleichzeitig den Partner mit ins Zentrum des eigenen Bewusstseins stellen und Gedanken, Wünsche, Bedürfnisse mit seiner Person eng verknüpft sind, dann trägt das zur Dauerhaftigkeit dieser Verbindung bei. Wenn Sie und Ihr Ehepartner jemals im Kino zusammen geweint, eng umschlungen einen Sonnenuntergang betrachtet oder einander in einem Konzert die Hand gedrückt haben, dann wissen Sie, wovon ich rede.

Viertens nähert sich dieses Buch verschiedenen traditionellen Themen von einer ganz anderen Seite. Zum Beispiel spricht jeder Eheexperte davon, wie Konflikte am besten zu lösen sind. Ich bin ganz dafür, Konflikte zu lösen, aber ich finde auch den *Zeitpunkt* der Lösung entscheidend. Es ist doch so: Wenn ein Konflikt länger als ein oder zwei Stunden dauert, dann wird er wie Parmesan, der an den schmutzigen Tellern in der Spüle klebt. Wenn er hart wird, bekommt man ihn kaum mehr weg. Wenn man ihn aber früh in Angriff nimmt, ist er ganz leicht zu entfernen. Genauso wie beim Käse ist es bei einem Konflikt entscheidend, dass man ihn schnell anpackt und löst.

Und schließlich ist dieses Buch neu und anders, weil es positiv ist. Es wird Zeit, dass wir eine zuversichtliche Haltung einnehmen, wenn es um Veränderungen in der Ehe geht. Es wird Zeit zu erkennen, dass wir eine völlig veränderte Atmosphäre in unserer Ehe schaffen, wenn wir einander mit Würde, Wärme und Freundlichkeit begegnen. Es wird Zeit einzusehen, dass das Bemühen um eine funktionierende Ehe wahrscheinlich die größte Tat ist, die wir je auf dieser Erde vollbringen werden.

Ein letztes persönliches Wort

Ich habe mich jahrelang um die Heilung von Ehen bemüht. Jedes einzelne Wort in diesem Buch entspringt den Gedanken, die ich mir über diese Arbeit gemacht habe. Ich habe versucht, aus allem, was ich in Tausenden von Beratungsstunden gelernt habe, das Beste herauszuholen und es Ihnen auf einfache Weise zugänglich zu machen. Es liegt mir enorm viel daran, dass Ihre Ehe befriedigender, lohnender und erfreulicher wird. Wenn das eintritt, hat es eine positive Auswirkung auf Ihr gesamtes Leben. Und auch Ihre Familie wird davon profitieren.

Für den Moment: Konzentrieren Sie sich ganz darauf, Ihre Liebe zu Ihrem Partner zu stärken und wieder eine funktionierende Beziehung aufzubauen. Ich habe es schon bei Tausenden von Paaren miterlebt. Es ist von entscheidender Bedeutung, dass *jetzt* etwas geschieht – in Ihrer Ehe.

Verändern Sie Ihre Ehe mit leichter Hand

Als Psychologe habe ich in den vergangenen 35 Jahren mit buchstäblich Tausenden von Verheirateten Beratungsgespräche geführt. Mein Ziel war es immer, ihre Ehen zu stärken, und ich habe mir sehr viel Mühe gegeben, dieses Ziel zu erreichen. Vor kurzem fiel mir auf, dass ich mich in vielen Fällen vielleicht *zu* stark bemüht hatte. Verblüfft erkannte ich einen neuen Ansatz, Ehen zu beleben und zu stärken. Mühe und Arbeit spielen dabei eine untergeordnete Rolle; wichtiger ist die Kunst der »leichten Hand«.

Es klingt vielleicht verrückt, aber viele Ehen sind genau deshalb nicht mehr so befriedigend, weil man zu hart an ihnen gearbeitet hat. Damit meine ich, dass in manchen Ehen so viel herumgestochert, angestachelt, gemustert, untersucht und herumgeforscht wurde, dass die Bemühungen nicht die erwünschte Besserung brachten, sondern eher das Gegenteil. Meine Kollegen und ich haben Jahrzehnte lang klinische Forschungen über die Gesundheit von Ehen durchgeführt. Erst vor kurzem haben wir eine umfassende, landesweite Studie über 800 Ehen, sowohl starke als auch problematische, zum Abschluss gebracht. Ich bin inzwischen überzeugt: Das Geheimnis, wie man eine Ehe nach und nach verbessert, besteht unter anderem darin, ihr etwas von dem Druck zu nehmen, der auf ihr lastet.

Dieses Buch enthält eine Reihe von Grundsätzen dazu, wie Sie Ihre Ehe in diesem Sinn erleichtern können. Wenn Sie diese Prinzipien anwenden, tragen Sie dazu bei, dass Ihre Ehe gedeiht, indem Sie sie hegen und pflegen.

Wie gesund eine Ehe ist, hängt im Wesentlichen davon ab, wie widerstandsfähig die Liebe zweier Menschen füreinander ist. Die Flügel, mit denen die Liebe sich aufschwingt, bestehen aus gemeinsamen Erfahrungen, die anregend, lustig, aufregend oder hoffnungsvoll sein können. Bei verheirateten Partnern, die solche Erfahrungen teilen, besteht eine größere Wahrscheinlichkeit, dass sie sich voneinander angezogen fühlen. Psychologen, Psychiater und andere Fachleute haben jedoch oft ganz falsche Vorstellungen davon, wie man diese romantischen Erfahrungen in größerer Zahl hervorbringen kann. Ohne es zu wissen, haben wir das Liebesleben eines Paares oft reduziert, weil wir es gezwungen haben, seinen Blick auf die »kritischen Punkte« zu richten – auf die Schwächen, Fehler und Mängel seiner Ehe. Wir haben die Partner mit dem Lösen von Problemen geschunden, und durch unser »professionelles« Vorgehen haben sie es oft versäumt, gemeinsam auch frohe und sinnvolle Erfahrungen zu machen.

Mit all dem will ich sagen, dass Ehen ganz dringend eine leichtere Hand brauchen. Ich habe die Überzeugung gewonnen, dass diese unbeschwertere Vorgehensweise für die Gesundheit, die Stärke und das Wohlergehen jeder ehelichen Beziehung unabdingbar ist. Es wird Zeit, dass wir in unserer zwanghaften Konzentration auf Probleme und Stolperfallen etwas nachlassen. Richten wir unsere Aufmerksamkeit lieber voller Begeisterung darauf, was an unseren Beziehungen wunderbar ist, wie sie auf wirksame Weise frischen Wind in die Segel bekommen und sich nach vorn bewegen können, wie Ehepartner ihre Liebe und ihre positiven Gefühle pflegen können!

Meiner Erfahrung nach führt dieses Vorgehen oft zu einem sinfonischen Klang in der Ehe. Dieser Klang ist in der Regel voller Wärme, Fülle und Dynamik. Harmonie, Rhythmus und ein schwungvolles Tempo bereichern Ihre Beziehung ungemein.

Ich möchte Ihnen gern zeigen, wie Sie diesen Rhythmus der Liebe verinnerlichen können.

Lassen Sie sich auf den nächsten Seiten davon überzeugen, dass dieser neue Ansatz in der Lage ist, Ihre Ehe völlig zu verändern. All die Mühe, die Sie für notwendig hielten, wird durch gemeinsame Erfahrungen ersetzt, die Ihre Liebe zueinander pflegen, erfüllen, ermutigen und vertiefen.

Was stimmt an Ihrer Ehe?

Ich hatte ein Beratungsgespräch mit einem Ehepaar, Jason und Cheryl. Sie waren seit sechs Jahren verheiratet, als sie einen Termin mit mir vereinbarten. Die ersten fünf Jahre ihrer Ehe waren erfüllt und froh gewesen, aber seit einem Jahr lief alles schlecht. Jason war in der Softwarefirma, für die er arbeitete, befördert worden, und hatte unzählige Überstunden eingelegt, um seiner neuen Verantwortung gerecht zu werden und seinen Kollegen zu zeigen, dass er ein gutes Teammitglied war. In dieser Zeit hatte Cheryl sich zunehmend auf zahlreiche außerhäusliche Aktivitäten konzentriert. Aus ihnen wurden eher Zimmergenossen als Liebende, und ihre ganze Kommunikation drehte sich um die banalen Pflichten des Alltags – die Zahlung von Rechnungen, Reparaturen am Haus, Erfüllung familiärer Verpflichtungen. Von der emotionalen Nähe, die sie vorher genossen hatten, blieb natürlich nur die Erinnerung, und abwechselnd fochten sie nun heftige Streitereien aus oder gingen kalt und schweigend auf Distanz.

In unserer ersten Sitzung stellte ich zu Beginn die Frage: »Also, was *stimmt* denn mit Ihrer Ehe?«

Beide schauten mich mit einem Gesichtsausdruck an, der eindeutig als »Wie bitte?« zu verstehen war. Zweifellos hatten sie mit der Frage gerechnet, was *nicht* stimmte, und wahrscheinlich hatten sie im Geiste schon eine Aufzählung ehelicher Fehler und Mängel vorbereitet.

Ich machte einen zweiten Anlauf. »Ich meine, was klappt denn gut in Ihrer Beziehung? Was gefällt Ihnen aneinander? Worin sehen Sie die Stärken Ihrer Ehe?«

Ihre Gesichter waren ein einziges Fragezeichen, und sie saßen eine Minute lang schweigend da. Offensichtlich hatten sie schon lange nicht mehr darüber nachgedacht, was sie als Paar auszeichnete.

Schließlich sagte Jason: »Also, wir sind immer gern zusammen gereist. Wenn wir einen Ausflug machen oder übers Wochenende wegfahren, dann ist ein bisschen von dem früheren Zauber wieder da – jedenfalls für ein paar Tage. Und es macht uns Spaß, Gäste zu haben. Wir sind ein richtig gutes Team, wenn wir eine Party geben oder abends jemanden einladen.«

»Prima«, sagte ich. »Genau so etwas will ich hören. Was fällt Ihnen noch ein?«

Als Jason seinen Mund öffnete, um fortzufahren, kam ihm seine

Frau zuvor. »Dr. Warren, reden wir denn gar nicht über die Probleme, mit denen wir uns herumschlagen?« Cheryl hatte offenbar ihre eigenen Vorstellungen und konnte es nicht fassen, in welche Richtung sich unser Gespräch bewegte. »Wir haben eine Menge wichtiger Dinge zu besprechen, und ich will unsere und Ihre Zeit nicht verschwenden, indem wir so tun, als sei alles eitel Sonnenschein.«

Was ich Cheryl darauf antwortete, ist etwas, was ich allen Paaren erkläre: »Natürlich müssen Sie Probleme in Ihrer Ehe untersuchen und lösen, besonders solche, die immer wieder an die Oberfläche treten. Aber Sie müssen sich mit möglichst viel Optimismus und Hoffnung an diese Aufgabe machen. Viele Paare konzentrieren sich so auf das, was in ihrer Beziehung *nicht* stimmt, dass sie alles vergessen, was gut ist. Und wenn sie sich so an ihren Problemen festbeißen, streben sie nicht mehr nach den Erfahrungen, die positive Gefühle und Vertrautheit hervorbringen. Es entsteht ein Teufelskreis, und nach kurzer Zeit wirkt die ganze Beziehung düster und trostlos.«

Fast auf der Stelle entwickelten wir für Jason und Cheryl einen Plan, wie sie auf ihre Stärken aufbauen und wieder Erfahrungen miteinander machen konnten, die das Beste in ihrer Beziehung zum Vorschein brachten. In kleinen Schritten schloss sich die emotionale Kluft zwischen ihnen und die Wärme kam teilweise zurück. Dies schuf die Art von optimistischer Atmosphäre, in der wir uns ihren Problemen zuwenden konnten – an die Stelle der feindseligen Gesinnung war eine beidseitige Bereitschaft zur Zusammenarbeit getreten.

Jasons und Cheryls Situation vermittelt genau das, was mir wichtig ist: Ich bin keinesfalls dafür, dass Sie Problemen ausweichen oder Konfliktstoff unter den Teppich kehren. Was ich sagen will, ist: Sie sollten sich nicht so von Ihren Schattenseiten niederdrücken lassen, dass Sie keinen Schritt mehr nach vorn tun können. Gehen Sie es etwas lockerer an, entspannen Sie sich ein bisschen, lassen Sie es nicht zu, dass Sie von Ihren Problemen bestimmt werden – und entdecken Sie dann, wie Ihre Beziehung in Schwung gerät und eine positive Richtung einschlägt.

Versuchen Sie, sich nicht zu verkrampfen

Ich spiele nun seit vielen Jahren Golf und habe schon mehrfach den gleichen Rat bekommen, wie ich mein Spiel verbessern kann: »Locker schlagen!« Ich höre diese Ermahnung des Öfteren, weil ich einer von den Golfspielern bin, die so ernsthaft und angespannt sind, dass sie sich selbst um den Erfolg bringen. Jeder, der Golf spielt, weiß: Je lockerer und fließender ein Schlag ist, desto größer ist die Wahrscheinlichkeit, dass der Ball gerade und weit fliegt. Wenn ich aber den Ball auf den Abschlagpunkt lege, mache ich mir Sorgen über meine Schlagtechnik; ich verkrampfe mich und halte den Schläger viel zu fest; ich konzentriere mich so auf meine Schwächen, dass ich sie überkompensiere. Sehr zu meiner Bestürzung (und zur Belustigung meiner Freunde) passiert es deshalb, dass ich den Ball anschneide und er mit Linksdrall in die Bäume oder den See fliegt. Locker schlagen – das will mir nicht in den Kopf gehen. *Ich* denke, wenn der lockere Schlag zu einem guten Ergebnis führt, dann sollte der angestrengte Schlag erst recht erfolgreich sein. Wie ich immer wieder feststellen muss, geht diese Rechnung aber nicht auf.

Das Golfspielen zu beherrschen hat einige Ähnlichkeit damit, eine Ehe in den Griff zu bekommen. Was hat es denn nun mit diesem lockeren Schlag auf sich, dass er eine so große Hilfe sein soll? Ich glaube, es hat etwas mit einem harmonischen Ablauf zu tun. Und aus diesem Gleichtakt entsteht etwas Tänzerisches. Ein Beispiel: Wenn alle Teile Ihres Körpers zusammenwirken, erleben Sie eine Kombination von feinster körperlicher Präzision und einem Höchstmaß an körperlicher Kraft. Diese Art der Harmonisierung, des Zusammenspiels und der fließenden Bewegung bezeichnen wir als Koordination. Wenn Sie Ihren Körper seiner eigenen Koordination überlassen, werden Sie kaum glauben, mit welcher Kraft und Genauigkeit er den Schläger zum Ball bringt. Sie werden über diesen Schlag staunen, denn er verkörpert das Wunder harmonischer Mühelosigkeit.

Ist es nicht genau das, was eine Ehe braucht? Wir sollten etwas Glattes, Edles in unseren Beziehungen spüren, das der gleitenden

Berührung von Seidenstoffen ähnelt und nicht dem Aufeinanderprallen verschiedener Metalle. Unsere Ehen sollten die Zuverlässigkeit und Präzision einer Schweizer Uhr besitzen – mit all den komplizierten mechanischen Teilchen, die im perfekten Rhythmus immerfort ticken.

Als Ehemann versuche ich, es locker anzugehen

Meine Frau Marylyn und ich arbeiteten Jahrzehnte lang zu hart an unsere Ehe. Endlos plagte ich mich damit ab, die Frau aus ihr zu machen, die ich mir schon immer gewünscht hatte. Und ich nehme an, sie hat sich mindestens genauso sehr damit abgemüht, mich in einen annehmbaren Mann umzumodeln. Wie die meisten jungen Paare hatten wir alle Hände voll zu tun, als wir heirateten. Wir waren völlig ahnungslose Neulinge, als wir uns auf dieses gewagte Unternehmen einließen, und wir hatten weder gelernt noch geübt, wie man ein guter Ehepartner sein kann. Wir gaben uns unheimlich viel Mühe, unsere Mängel auszugleichen und unseren Schwächen entgegenzusteuern, und dadurch verpassten wir viele Gelegenheiten, in denen wir zusammen etwas Schönes hätten erleben können. Wir strengten uns auf unnatürliche Weise so sehr an, dass wir sogar solchen Situationen, in denen es überhaupt nicht nötig gewesen wäre, einen negativen Anstrich gaben.

Aber erst nachdem ich in letzter Zeit auf diese neue, unbeschwertere Art vorgegangen bin, konnte ich sehen, wie unsere Ehe sprunghafte Fortschritte machte. Ich möchte Ihnen ein paar Beispiele nennen. Marylyn redet sehr gern, und es gefällt ihr, wenn wir uns miteinander unterhalten. Sie sagt oft, dass sie sich mir nah, vertraut und eins mit mir fühlt, wenn wir miteinander sprechen. Ich dagegen bin von Haus aus nicht der Typ, der viel redet. Mein Vater sprach nie mit meiner Mutter. Er nickte gelegentlich in ihre Richtung, gab ein paar Grunzlaute von sich und raschelte mit seiner Zeitung. Natürlich hatte ich zu Hause über eheliche Kommunikation nicht viel gelernt, und niemand hatte sie mir vorgelebt. Noch schlimmer aber war, dass ich nicht zugeben wollte, dass ich in diesem Bereich ein Defizit hatte. Wenn Marylyn mich mit ihrem Bedürfnis nach einem sinnvollen Gespräch zu sehr bedrängte, lenkte ich sie ab, indem ich die Diskussion auf das Thema Sex brachte. Manchmal funktionierte das Manöver, aber in der Regel blieb es ohne Erfolg.

Man musste kein Genie sein, um einen Zusammenhang zwischen meiner Unfähigkeit zu einem tieferen Austausch und der Tatsache zu sehen, dass sich in unserer Ehe nichts mehr tat. Wir saßen fest wie ein Boot in einem Schlammloch. Marylyn freute sich nicht, wenn ich von der Arbeit nach Hause kam. Sie setzte sich niemals ganz dicht neben mich. Zur Begrüßung küsste sie mich nur flüchtig und gewohnheitsmäßig (ohne den Abstand zwischen unseren Körpern auf weniger als 30 Zentimeter zu verringern). In unserem Zusammenleben gab es nichts Prickelndes mehr. Verstehen Sie mich richtig, *ich* brauche keine tiefen Gespräche, um mich zu ihr hingezogen zu fühlen, aber was *sie* angeht – ohne den Austausch, den sie sich mit mir wünschte, wurde aus ihrer Liebe ganz schnell Langeweile. Zu meiner Schande muss ich gestehen, dass es 15 oder 20 Jahre dauerte, bis ich gegen diese Situation etwas unternahm. Offenbar brauchte Marylyn etwas von mir, und ich hielt mich für unfähig, es ihr zu geben. Und es kam, wie es kommen musste – ihre ständige Frustration, ihre unbefriedigten Bedürfnisse und mein Gefühl zu versagen brachten unser ohnehin abgekühltes Liebesleben unter den Gefrierpunkt.

Ich dachte immer, zu lernen, wie man miteinander redet, würde mich völlig überfordern. Dann fiel mir ein, ich könnte es doch anders versuchen. Wenn sie viel reden wollte, so beschloss ich, dann würde ich mich einfach darauf einlassen, mich so natürlich wie möglich verhalten und ein so guter Gesprächspartner werden wie ich konnte. Ich machte mir keine Sorgen mehr darüber, wie mangelhaft ich in der Kunst des Gesprächs war. Ich legte mir keine überzeugenden Antworten mehr zurecht, bevor Marylyn ausgeredet hatte. Ich verkrampfte mich nicht mehr so in dem Bemühen, alles richtig zu machen. Ich sagte mir, wenn ich lernen konnte, meine

Schuhe selbst zu binden und mir die Zähne allein zu putzen, dann konnte ich vielleicht auch lernen, mich auf »Marylyn-Art« zu unterhalten. Ich konzentrierte mich auf zwei Dinge: Ich hörte genau zu, was sie mir erzählte, und ich sagte ihr einfach alles, was mir an Gedanken und Gefühlen so in den Sinn kam. Was für eine Veränderung!

Seither kann Marylyn es kaum erwarten, bis ich von der Arbeit nach Hause komme. Sie möchte, dass ich mich hinsetze, und bringt mir etwas zu trinken, und dann fangen wir an zu reden, als hätten wir es schon immer getan. Sie sagt mir, was sie im Innersten bewegt und beschäftigt, und ich höre ihr konzentriert zu. Dann bin ich mit meinen Gedanken und Geheimnissen an der Reihe. Ich tue überhaupt nichts Besonderes, aber sie hält mich für den großartigsten Mann der Welt.

Ich möchte Ihnen noch ein Beispiel geben, wie ein unverkrampfteres Vorgehen in meiner Ehe hilfreich war. Marylyn mag Romantik. Am Anfang unserer Beziehung und in den ersten Ehejahren hatten wir sehr viel davon. Sie war einfach da. Wir konnten stundenlang eng umschlungen dasitzen, einander in die Augen schauen und von dem glücklichen Leben träumen, das wir zusammen führen würden. Aber dann erging es uns wie den meisten Paaren, und wir mussten uns den Anforderungen des Alltags stellen – weinenden Kindern, der Finanzierung des Eigenheims, den Haushaltsangelegenheiten, dem beruflichen Fortkommen. Die Romantik verflüchtigte sich, und das Gleiche geschah mit Marylyns Zufriedenheit in der Ehe.

Sie wies sanft darauf hin, dass sie sich mehr Romantik wünschte, und ich versprach, mich um dieses Bedürfnis zu kümmern. Aber ich fühlte mich dazu gezwungen, der perfekte Liebhaber zu sein. Ich kam mir vor, als müsste ich auf einer Gitarre klimpern und gleichzeitig mit einer Rose zwischen den Zähnen ein Liebeslied summen. Ganz bestimmt musste ich ihr Dutzende von Rosen schicken, Sonette dichten und sie dann unter ihrem Schlafzimmerfenster aufsagen oder anmutig mit ihr im Arm im Tangoschritt über die Tanzfläche gleiten. Meine Erwartungen an mich selbst waren so hoch und unvernünftig, dass ich am Ende meistens überhaupt nichts unternahm.

Eines Tages wurde mir dann klar, dass ich lockerer werden musste. Ich durfte mich nicht mehr so unter Druck setzen, dem Inbegriff des romantischen Ideals zu entsprechen. Jetzt mache ich jede Woche ein paar ganz gewöhnliche Sachen, die nicht schwer sind, mir Spaß machen und die Marylyn romantisch findet. Manchmal kaufe ich ihr ein Buch, von dem ich weiß, dass es ihr gefallen wird, und schreibe ein kleines Gedicht über meine Liebe zu ihr auf die erste Seite. Sie findet das wunderbar! Ich rufe sie mitten am Tag an und sage ihr, dass ich an sie denke. Auch davon ist sie begeistert.

Manchmal fahren Marylyn und ich abends an den Strand. Wir lassen unsere Schuhe und Socken im Auto und bummeln barfuß über den nassen Sand. Ich halte ihre Hand, sage ein paar poetische Worte über den Sonnenuntergang, erwähne einige ferne Länder, in die ich sie gern entführen würde, und sie ist wie Wachs in meinen Händen. Wenn ich ihr dann noch ein Eis kaufe, eine Decke am Strand ausbreite und sie nach ihren Wunschträumen für die Zukunft frage, ist sie vor Glück ganz aus dem Häuschen. Und ich frage mich, was mich vorher eigentlich so in Panik versetzt hat. Diese ganze Sache mit der Romantik ist doch ein Kinderspiel!

Eheliche Übereinstimmung und die leichtere Hand

Gehen Sie es locker an! Es gründet alles auf der Annahme, dass Ihre Ehe die größte Chance auf Glück und Erfüllung hat, wenn Sie und Ihr Partner zu einem Gleichtakt finden. Ihre Beziehung muss ihren eigenen Rhythmus entwickeln, und wenn das geschieht, wird Ihr Zusammenleben spannend und aufregend. Es wird plötzlich der Sinn und Zweck zum Vorschein kommen, nach dem Sie schon so angestrengt gesucht haben. Übertriebene Mühe werden Sie als gut gemeinten Versuch weit hinter sich lassen. Ihre neue und wirksame Strategie wird darin bestehen, dass Sie es locker angehen.

Die Art der Übereinstimmung, von der wir hier reden, ist auf unerwartete Weise zu finden. Durch harte Arbeit äußerst selten, beim gemeinsamen Lachen dagegen fast immer. Auch emotionale Momente, die wir zusammen erleben, gehören dazu. Anregende Erfahrungen in den verschiedensten Bereichen können uns auf den tiefsten Ebenen miteinander verbinden. Hoffnungsvolle Ausblicke, konstruktive Konfliktlösung, unerschütterliches Vertrauen in den Partner – das alles sind Ursprünge, aus denen die Übereinstimmung hervorgeht.

Vor kurzem mussten Marylyn und ich eine schwere Zeit zusammen durchstehen, und wir erlebten, wie eine unerwartete Quelle des Gleichklangs für unsere Ehe sowohl zur Belastungsprobe als auch zum Segen wurde. Wir waren völlig fassungslos, als wir erfuhren, dass Dr. Paul Roberts, mit dem ich 25 Jahre lang zusammen gearbeitet hatte, gestorben war. Er war erst 65 Jahre alt. Dr. Roberts war ein erstklassiger Psychologe, aber was noch wichtiger ist, er war der freundlichste und gütigste Mann, dem ich je begegnet war. Obwohl wir in den letzten fünf Jahren nicht mehr am gleichen Ort praktiziert hatten, fühlten wir uns durch unzählige gemeinsame Erfahrungen eng miteinander verbunden. Mir bedeutete dieser Mann unglaublich viel, und das wird auch immer so bleiben.

Ich muss zugeben, als ich gebeten wurde, bei seiner Beerdigung eine Rede zu halten, fühlte ich mich einerseits geehrt, hatte auf der anderen Seite aber Angst, ich könnte aufgrund meiner Gefühle die Fassung verlieren. Marylyn half mir, meine Rede über diesen Mann zu schreiben, den wir oft den Heiligen Paulus genannt hatten. Anschließend übte ich den Vortrag der Rede mit ihr ein, und sie half mir, meine Gefühle unter Kontrolle zu bringen und sie beherrscht auszudrücken. Ich wurde zuversichtlicher, dass ich es schaffen würde, die Fassung zu bewahren.

Schließlich kam der Tag des Begräbnisses, und Marylyn saß in der Kirche neben mir in der ersten Reihe. Meiner Rede würden mindestens 30 Minuten lang Lieder und Gebete vorausgehen, und Marylyn drückte immer wieder meinen Arm, um mir zu vermitteln, dass sie ganz bei mir war und mit mir fühlte – und dafür betete, dass ich stark sein konnte.

Dann war ich endlich an der Reihe. Ich trat nach vorne ans Mikrofon und stand den Menschen in der überfüllten Kirche gegenüber. Ich begann mit möglichst fester Stimme. Ich hatte jedes Wort auswendig gelernt, und obwohl ich schon Dutzende Male vor großem Publikum gesprochen hatte, lag während dieser vier Minuten in meinen Worten mehr Gefühl, als ich es jemals zuvor zum Ausdruck gebracht hatte. Als ich zu Ende geredet hatte, setzte ich mich wieder neben Marylyn. Wir vermieden bewusst jeden Augenkontakt, denn unsere Gefühle drohten uns zu überwältigen, aber sie drückte wieder meinen Arm, um mir zu sagen, dass sie stolz auf mich war.

Marylyn und ich beherrschten unsere Gefühle bis zum Ende dieses großartigen Gottesdienstes. Aber als der Organist nach dem Segen die kanadische Nationalhymne spielte, die Paul so oft mit großer Hingabe gesungen hatte, setzte ich mich auf die Bank und schluchzte. Ich ließ meinen Gefühlen freien Lauf, und als ich Marylyn ansah, weinte sie ebenfalls.

Später liefen wir in die dunkle Nacht hinaus und hielten uns ganz eng umschlungen – zwei Menschen, die durch eine eindrückliche gemeinsame Erfahrung wieder eins miteinander geworden waren.

Der Gleichtakt in der Ehe hat tausend natürliche Ursprünge. Meiner Meinung nach hatte unser Erlebnis sehr viel mit unserer gemeinsamen Zuneigung zu unserem Freund Paul Roberts zu tun. Aber es spielte auch eine sehr große Rolle, dass Marylyn so ganz selbstverständlich für mich da war – sie spürte, womit ich Schwierigkeiten hatte, sie baute mich auf, sie vermittelte mir Anerkennung, als ich die Fassung bewahrt hatte, sie vereinigte ihre Trauer mit meiner. Wer hätte gedacht, dass eine Beerdigung so viel zum Wachstum unserer Liebe beitragen würde? Es ist offensichtlich, dass unsere gemeinsame Erfahrung das Entscheidende war. In gewissem Sinn stärkten wir unsere Ehe, ohne es zu wissen, aber auf der anderen Seite geschah alles ganz natürlich und still.

Das Wachstum einer Ehe entwickelt sich fast immer auf diese

Weise. Wenn man ein offenes Auge dafür hat, bewirken unerwartete und unvorbereitete Anlässe einen ehelichen Gleichtakt und vervielfältigen damit den Reichtum der Beziehung ungemein.

Was die Liebe sät: Ich fühle mich gut, wenn du da bist

Aus meiner psychologischen Praxis weiß ich, dass zwischen meiner Liebe zu einem anderen Menschen und der Liebe, die ich für mich selbst empfinde, ein bedeutsamer Zusammenhang besteht. Ich bin davon überzeugt, dass dieser Zusammenhang die größte Quelle der Motivation für einen Menschen ist, sich gut zu fühlen, und wenn das so ist, dann werde ich einen bestimmten Menschen dann am meisten lieben, wenn er dazu beiträgt, dass ich mich richtig wohl in meiner Haut fühle.

Sie können alles Mögliche tun, damit sich jemand wohl in seiner Haut fühlt, wenn er mit Ihnen zusammen ist. Sie können lachen, dem anderen sagen, was Sie besonders an ihm mögen, oder sich bemühen, ihm das zu geben, was er Ihrem Empfinden nach braucht. All diese Vorgehensweisen funktionieren sicher manchmal und manchmal auch nicht. Ich möchte Sie jedoch mit einer Strategie bekannt machen, die fast immer zum Erfolg führt.

Im Zentrum Ihres Wesens gibt es etwas, was man *Bewusstsein* nennt. Wenn ich Sie frage, was Sie in diesem Moment denken und fühlen, dann werden Sie sorgfältig untersuchen, was zuletzt in Ihnen vorging, und darauf gründet Ihre Antwort.

Auf Folgendes will ich hinaus: Liebe entwickelt sich in der Regel, wenn Ihr Partner im Zentrum Ihres Bewusstseins und Ihrer Aufmerksamkeit steht, vor allem dann, wenn Sie zusammen sind. Wenn ich weiß, dass Marylyn mit ihren Gedanken und Gefühlen bei mir ist, dann gibt mir das irgendwie die Sicherheit, dass ich ihr wichtig bin. Dass ich ihr viel bedeute führt dazu, dass ich mich gut fühle. Wenn wir zusammen sind und uns dabei voll aufeinander konzentrieren, können wir damit rechnen, dass unsere Liebe stetig und beständig wächst.

Das ist ein Grundgedanke, der uns in vielen einzelnen Fragen über die Liebe, denen wir in diesem Buch nachgehen wollen, wieder begegnen wird. Ich nenne dieses Prinzip *zielgerichtete Wahrnehmung*, und ich halte es für grundlegend in der Entwicklung der Liebe.

Denken Sie noch einmal an meine Erfahrung bei der Beerdigung. Als wir in der überfüllten Kirche in der ersten Reihe saßen, vermittelte Marylyn mir immer wieder, dass sie mich und meine Gefühle sehr bewusst wahrnahm, indem sie meinen Arm drückte. Ich wusste genau, was ihre Berührung bedeutete: »Ich bin hier bei dir. Ich stehe dir bei, die ganze Zeit. Ich spüre deine Angst, aber ich bete für dich. Wir stehen das gemeinsam durch. Ich weiß, dass du deinem Freund eine letzte Ehre erweisen und dabei deine Gefühle unter Kontrolle behalten möchtest, und ich bin sicher, dass du deine Sache gut machen wirst.«

Solche Gedanken bringen gewaltige Liebesgefühle hervor. Wenn Marylyn und ich uns voll aufeinander konzentrieren, dann wächst unsere Liebe in die Tiefe wie die Wurzeln einer mächtigen Zeder.

Gemeinsame Erfahrungen und zielgerichtete Wahrnehmung

Das Geheimnis einer ständig wachsenden Liebe besteht darin, dass man gemeinsam viele Erfahrungen macht, bei denen beide Partner von einem momentanen oder dauerhaften Ereignis zutiefst berührt werden. Mit »zutiefst berührt« meine ich, dass das Ereignis bis ins Zentrum ihrer Gedanken und Gefühle vordringt. Wenn Sie sich *beide* auf eine Erfahrung konzentrieren und Ihre Aufmerksamkeit sowohl auf das Ereignis als auch auf Ihren Partner ausgerichtet ist, dann besitzt dieser Moment die größtmögliche Macht, Liebe zwischen Ihnen (neu) zu entfachen.

Nehmen wir einmal an, Sie sind beide begeisterte Musikliebhaber. Sie schauen sich eine Stadt an, so wie Marylyn und ich es neulich taten, und Sie laufen von Ihrem Hotel quer durch die Stadt zum Konzerthaus. Es ist ein kalter Winterabend, und Sie sind in warme Kleider gehüllt und tragen Schals und Handschuhe. Sie drücken sich eng aneinander, während Sie mit schnellem Schritt durch die frostige Kälte eilen. Sie unterhalten sich aufgeregt beim Laufen, aber Ihre Zungen sind belegt und Ihre Lippen fast gefroren.

Als Sie angekommen sind, schlüpfen Sie ins Innere und spüren, wie die Wärme Sie willkommen heißt. Sie geben Ihre Mäntel und Handschuhe ab und flüstern einander kichernd zu, wie herrlich Ihnen der geheizte Saal nach der Kälte draußen vorkommt. Sie zeigen dem Platzanweiser Ihre Karten und werden zu zwei wunderbaren Plätzen geführt. Sie unterhalten sich darüber, wie toll der Empfangschef im Hotel ist, der Ihnen die Karten besorgt hat. Sie lesen das Programm und weisen einander auf kleine Einzelheiten hin.

Dann erscheint der Dirigent und das Publikum verstummt. Beim Klang des Orchesters bekommen Sie eine Gänsehaut. Sie greifen nach der Hand Ihres Partners und halten sie ganz fest. Die Musik scheint Sie immer höher zu heben, bis Sie schließlich schweben. Sie haben das Gefühl, wie in einem Segelflugzeug durch die Luft zu gleiten, und Sie genießen es beide. Bald wird die Musik immer leiser und trägt Sie in die Tiefe hinab – und noch tiefer. Ihre Hände verlieren das prickelnde Gefühl. Aber schließlich schwingt sich die Musik wieder auf, und sie haben tausend Gedanken und Gefühle darüber, was sie ausdrücken will und wie bewegt Sie sind.

So etwas meine ich mit einer gemeinsamen Erfahrung. Je mehr Sie davon erleben, besonders wenn Sie sich dabei ganz fest an den Händen halten und den Herzschlag des anderen hören, desto mehr werden Sie im tiefsten Inneren miteinander verbunden sein. Sie haben das Gefühl, durch die geteilte Erfahrung miteinander zu verschmelzen. Ihre beiden Leben bilden eine Einheit. Man kann eigentlich nicht sagen, dass Sie das selbst bewirken, aber es ist etwas, was in Ihnen beiden gleichzeitig geschieht.

Verwandeln Sie Ihre Ehe in eine Sinfonie

Dieses ganze Buch dreht sich um zwei Gedanken, die mir ausgesprochen wichtig geworden sind. Der erste ist, dass die Ehe ein großartiges sinfonisches Erlebnis sein kann. Sie und Ihr Partner spielen vielleicht verschiedene Instrumente, aber Sie spielen gemeinsam als Partner. Wenn es schließlich zur Aufführung kommt, wird Ihr gemeinsames Stück tausendmal besser sein als alles, was Sie allein hätten hervorbringen können. Oft werden Sie beide Ihre Stimme zu einem mächtigen Crescendo, einer unerwarteten traurigen Passage oder einem herrlichen Flug durch die Sternenwelt beitragen. Einer gibt vielleicht den Ton an und der andere folgt ihm, und dann tauschen Sie die Rollen miteinander. Ein anderes Mal hören Sie sich gegenseitig zu, wie einer einen ganzen Teil allein spielt, vielleicht sogar einen ziemlich langen. Wie auch immer die Einzelheiten aussehen mögen – das ist Ihr Projekt, Ihre Sinfonie, und Sie setzen sich dafür ein, dass sie für beide Partner etwas ganz Besonderes wird.

Mein zweiter Gedanke ist, dass die schönste Musik, die Sie machen, aus Ihrem Inneren kommt, praktisch ohne jede Mühe. Mit größter Wahrscheinlichkeit wird der Ursprung für diese »Musik« in den Erfahrungen zu finden sein, die Sie und Ihr Partner gemeinsam machen – Erfahrungen, bei denen Sie spüren, wie tief und leidenschaftlich Sie miteinander verbunden sind. Das Ziel Ihres Lebens wird es sein, Ihre Liebe wachsen zu sehen und Ihre gemeinsame Freude aneinander zu steigern. In allen Höhen und Tiefen des Lebens werden Sie versuchen, Ihren geliebten Partner und sein Wohl im Zentrum Ihrer Wahrnehmung und Ihrer Aufmerksamkeit zu behalten, und Sie werden unfassbare Freude und Glück gewinnen, wenn das gelingt. Sie werden gemeinsam erfahren, was Liebe bedeutet, und diese Erfahrung wird so umfassend und tief sein, dass Sie dem Herzen Gottes näher kommen werden, als Sie es jemals für möglich gehalten hätten.

Entfachen Sie das Feuer der Romantik

Stellen Sie sich Folgendes vor: Es ist Dezember, zwei Wochen vor Weihnachten, und Sie verbringen mit Ihrem Mann oder Ihrer Frau das Wochenende in einer gemütlichen Berghütte. Haufenweise frisch gefallener Schnee bedeckt den Boden draußen und der Wind heult. Es ist eisig kalt. Die Temperatur bewegt sich zwischen 10 und 20 Grad Minus. Aber Sie haben ein prasselndes Feuer im Kamin, und es ist noch eine Menge Brennholz da. Ihre Lieblingsmusik erklingt leise, und weitere wunderbare CDs warten nur darauf, abgespielt zu werden. Sie beide sind den ganzen Tag Ski gefahren, und jetzt, wo Sie Ihre Ausrüstung weggeräumt und bequeme Kleider angezogen haben, liegt ein schöner Abend vor Ihnen.

Sie stehen vor dem Feuer und werfen einen Blick auf den Menschen, der so etwas ganz Besonderes für Sie ist. Sie lächeln sich an und gehen aufeinander zu. Sie nehmen sich fest in den Arm und wiegen sich leise zur Musik. Langsam bewegen Sie sich zusammen durch den Raum. Sie küssen sich sanft. In Gedanken sagen Sie sich: *Das ist so romantisch.*

Was bedeutet »Das ist so romantisch«?

Ich bin selten einem Ehepaar begegnet, das sich nicht mehr Romantik wünschte. Eine Extradosis Leidenschaft und Zärtlichkeit kann viele Wunden heilen und in zwei müde gewordenen Liebenden neue Hoffnung entzünden. Wieder auflebende Romantik festigt das Band, das Ihre beiden Seelen miteinander verknüpft. Sie werden daran erinnert, was damals der Auslöser war, als Sie sich ineinander verliebten. Sie sehen sich gegenseitig wieder von der besten Seite.

Bestimmte Faktoren, die Einfluss auf die Beziehung haben, sind in romantischen Momenten fast immer zu finden. Auch die oben beschriebene Szene enthält eine ganze Reihe davon.

Zuerst einmal ist da der Faktor Sicherheit. Sie sind vor den Feinden der Romantik geschützt – den zahllosen Umständen, die im Alltag verhindern, dass Sie sich näher kommen. Sie sind weit weg von schreienden Babys und lärmenden Kindern. Es gibt keinen

Stapel unbezahlter Rechnungen, keine E-Mails, die beantwortet werden müssten, kein Telefon, das Ihre Aufmerksamkeit beanspruchen könnte. Ihre romantischen Momente sind vor Unterbrechungen und Störungen geschützt.

In der Szene mit der Berghütte spielt auch der Faktor Sinnlichkeit eine Rolle. Ein knisterndes Feuer zu hören und zu riechen hat etwas Einladendes an sich, ganz besonders dann, wenn draußen der Wind heult und es winterlich kalt ist. Der leise Klang der Musik weckt lauter warme Gefühle, von denen viele auf gemeinsamen Erinnerungen beruhen. Das Ski fahren hat eine glückliche Müdigkeit bei Ihnen zurückgelassen. Ihre Muskeln entspannen sich von der sportlichen Übung. Sie umarmen sich und spüren die warme Haut des anderen. Sie bewegen sich im Rhythmus der Musik durch den Raum. Es ist wirklich eine sehr sinnliche Erfahrung!

Dieses romantische Zwischenspiel enthält vielleicht auch Nostalgie; auch sie trägt oft ihren Teil zu leidenschaftlichen Empfindungen bei. Möglicherweise sind Sie und Ihr Partner schon einmal in dieser Hütte gewesen, und Sie werden an frühere Erlebnisse erinnert, die Ihre Liebe entfacht haben. Vielleicht spielt der CD-Player »Ihr« Lied – das Lied, zu dem Sie bei Ihrer Hochzeit tanzten oder das im Radio kam, als Sie sich das erste Mal küssten.

Sie und Ihr Partner sind weit weg von allem, womit Sie sonst zu tun haben – vielleicht sogar sehr weit weg. Sie spüren, dass Sie einander viel bedeuten. Sie fühlen sich sicher und geborgen. Sie können sich dem zuwenden, was Sie als Einzelne und als Paar brauchen. Ihre Liebe, die im Hintergrund immer vorhanden war, rückt nun ins Zentrum Ihres Bewusstseins.

Das ist *so* romantisch.

Wir brauchen einen Romatikanzeiger am ehelichen Armaturenbrett

Es ist nun mal so im Leben, dass eine Ehe irgendwann in den alltäglichen Pflichten und wiederkehrenden Aufgaben stecken bleibt.

Wir geben uns große Mühe, unseren Lebensunterhalt zu verdienen, die Kinder so gut wie möglich zu erziehen, ein gewisses Maß an Ordnung und Sauberkeit aufrecht zu erhalten, uns um Briefe und Telefonanrufe zu kümmern und die nicht enden wollende Zahl von Geburtstagskarten und Feiertagsgrüßen rechtzeitig zu verschicken. Manchmal vergessen wir, wie dringend wir Romantik für unsere Ehe brauchen. Wir gehen irgendwie davon aus, dass unsere Liebe auch ohne große Aufmerksamkeit überlebt.

Dann kommt es aus irgendeinem Grund plötzlich immer häufiger zu ehelichen »Störfällen«. Wir erkennen sie oft nicht als das, was sie sind – Warnlampen am Armaturenbrett der Ehe, die uns signalisieren, dass wir etwas unternehmen müssen. Tag für Tag, Woche für Woche stehen wir weiterhin am Morgen auf, widmen uns unseren Aufgaben und gehen abends ins Bett, ohne auch nur einmal das rote Lämpchen »Motor prüfen!« zu bemerken, das vor unseren Augen aufblinkt.

Die Schwierigkeiten in der Ehe verschlimmern sich, und immer öfter fühlen wir uns weit voneinander entfernt. Es ist vielleicht schon ziemlich lange her, seit wir uns Zeit für ein romantisches Wochenende genommen haben, aber wir überlegen nicht, was uns fehlt oder was für Folgen unsere mangelnde Aufmerksamkeit haben könnte. Wir sind völlig mit dem beschäftigt, was *wir* für wichtig halten und sehen gar nicht, was *wirklich* zählt.

Was Romantik für diejenigen ausmacht, die sie erleben

Es gibt eine alte Geschichte über Romantik, die ich im Lauf der Jahre in verschiedenen Versionen gehört habe. Es geht darin um einen Mann, der seine Frau nicht mehr attraktiv fand. Sie hatte eine spitze Zunge und Übergewicht, nörgelte viel und kleidete sich schlecht. Die beiden bekriegten sich regelrecht und waren alles andere als glücklich in ihrer Ehe. Der Mann beschloss endlich, sich von seiner Frau zu trennen, und weil er wollte, dass ihr die Scheidung richtig weh tat, beriet er sich mit einem Scheidungsanwalt.

Der Anwalt hörte sich die gehässige und rachsüchtige Schilderung des Mannes an und gab ihm dann einen Rat. »Folgendes müssen Sie tun«, sagte er zu dem Mann. »Gehen Sie nach Hause und behandeln Sie Ihre Frau in den nächsten 30 Tagen, als sei sie der wichtigste Mensch der Welt. Fangen Sie ein Gespräch mit ihr an und hören Sie ihr aufmerksam zu. Helfen Sie ihr im Haushalt. Führen Sie sie zum Essen aus und schauen Sie sich einmal in der Woche einen romantischen Film im Kino mit ihr an. Rufen Sie sie jeden Tag ein paar Mal an und machen Sie ihr ein- oder zweimal in diesem Monat ein unerwartetes Geschenk. Überschlagen Sie sich vor Freundlichkeit. Dann können Sie sie wirklich schwer treffen! Wenn Sie Ihre Frau verlassen, wird sie am Boden zerstört sein. In genau 30 Tagen liegen die Scheidungspapiere bei mir bereit.«

Der Mann dachte über den Rat nach und kam zu dem Schluss, dass er gut war. Mit einem solchen Verhalten würde er seine Frau überraschen, und wenn er es durchhielt, würde es der Scheidung jene boshafte Note geben, die er beabsichtigte. Er ging nach Hause und setzte sofort sämtliche gewissenlosen Anweisungen des Anwalts in die Tat um.

Am 27. Tag rief der Anwalt an, um einige letzte Einzelheiten in Bezug auf die Scheidungspapiere zu klären. Der Mann war jedoch völlig außer sich, als er das Wort Scheidung hörte.

»Scheidung?«, sagte er. »Warum um alles in der Welt sollte ich mich von ihr trennen wollen? Sie ist eine unglaublich tolle Frau; ich finde sie jetzt sogar noch besser als damals, als wir uns verliebten. Von einer Frau wie ihr habe ich seit meiner Jugend geträumt. Nichts auf der Welt könnte mich dazu bringen, mich von ihr scheiden zu lassen!«

Die Geschichte mag albern sein, aber sie bringt etwas zur Sprache, was ich in meiner psychotherapeutischen Praxis schon dutzende Male erlebt habe. Wenn ein Partner sich bemüht, wieder mehr Romantik in die Beziehung zu bringen, verlagert und verändert sich alles in seiner Ehe. Zu spüren, dass jemand sich so sehr um mich bemüht, weckt den Wunsch, ihm ebenso zu begegnen. Zum Glück – oder zum Unglück – werden neue romantische Anläufe nur gestartet, wenn man die Ehe als so schmerzhaft erlebt, dass man es nicht mehr ertragen kann. An diesem Punkt muss es zu einer grundsätzlichen Entscheidung kommen: Entweder man beendet die Ehe oder man bemüht sich um mehr Romantik.

Romantik sollte etwas mit Ihren tiefsten Bedürfnissen zu tun haben

Ich sagte bereits, dass es die größte Quelle der Motivation im Leben eines jeden Menschen ist, sich gut zu fühlen. Und der Mensch, den Sie heiraten, ist fast immer am besten in der Lage, Ihnen dieses Gefühl zu geben. Warum? Weil Sie diesem Menschen erlauben, Sie bis ins tiefste Innere kennen zu lernen. Weil Ihr Ehepartner sich fest an Sie gebunden und versprochen hat, Sie ein Leben lang zu lieben, wagen Sie sich mit Ihren Gefühlen immer weiter vor. Ihr Ehepartner kennt Sie so gut, und darum ist es für Sie von ungeheurer Bedeutung, welche Gefühle er Ihnen entgegenbringt. Wenn Ihr Partner Sie mag, dann spüren Sie sich im Grunde Ihres Wesens geliebt.

Romantik hat sehr viel mit einem Umgangston in der Beziehung zu tun, der Ihnen beiden deutlich verrät, dass einer für den anderen an der ersten Stelle steht. Das müssen Sie einander immer wieder sagen, es sich anhören und es wagen, darauf zu bauen.

Ihr Umgang miteinander muss etwas mit Ihren tiefsten Bedürfnissen zu tun haben. Ich bin zu dem Schluss gekommen, dass erst unter dieser Voraussetzung Romantik wirklich Romantik ist. Wenn es bei diesen Bedürfnissen darum geht, ob sich jeder von Ihnen in seiner Haut wohl fühlen kann, dann wird vielleicht langsam klar, warum Romantik so lebenswichtig für Sie beide ist. Sobald es sich auf schmerzliche und zugleich wunderbare Weise zeigt, dass Ihre Erfüllung als Einzelperson in großem Maß davon abhängt, wie nahe Sie sich als Ehepaar stehen, werden Sie erkennen, warum Sie die romantische Liebe pflegen müssen. Wenn Sie sich nicht die Zeit dafür nehmen, wird Ihre Ehe verdorren, und Ihre eigene seelische Gesundheit wird unter Umständen immer zerbrechlicher.

Es gibt also tausend gute Gründe, warum Sie oft und regelmäßig romantische Erfahrungen machen sollten. Mit Ihrem Partner in einer winterlichen Nacht vor einem offenen Feuer zu kuscheln, grandiose Musik anzuhören, nach einem köstlichen Mahl noch miteinander sitzen zu bleiben, sich Zeit zu nehmen für das Gefühl, dass alles gut ist – so etwas brauchen Sie. Was Sie außerdem ganz dringend brauchen, ist die Gewissheit, dass Ihr Partner Sie ins Zentrum seines Bewusstseins rückt. Sie sind darauf angewiesen, immer wieder das Flüstern der Wunderworte zu hören: »Ich liebe dich – und werde dich immer lieben.« Sie brauchen das Gefühl, dass jemand Ihnen seine volle Aufmerksamkeit zuwendet, Ihnen konzentriert zuhört, Sie lange im Arm hält und nicht dringend woandershin muss. Sie müssen wieder ganz neu die Erfahrung machen, wie aufregend es ist, ein Fleisch mit *dem* Menschen zu werden, der den Schlüssel zu Ihrem Herzen besitzt.

Was Romantik ausmacht

Im Lauf der Jahre habe ich die Romantik aus jedem denkbaren Blickwinkel analysiert und bin zu fünf Schlussfolgerungen gekommen. Meine Absicht ist es, Ihnen Stoff zum Nachdenken zu geben, damit Sie in Zukunft mehr Zeit und Energie darauf verwenden, das romantische Element in Ihrer Ehe zu verstärken.

1. *Romantik hat im Wesentlichen mit Liebe zu tun, und Liebe kann man unmöglich weitergeben, solange man nicht gelernt hat, sich selbst zu lieben.*

Es ist für mich wunderbar zu wissen, dass Marylyn mich liebt, aber um ihr meinerseits Liebe entgegenzubringen, muss ich mich selbst bis ins Innerste meines Wesens angenommen haben. Und nur wenn es mir gelingt, mich selbst auf diese grundlegende Weise zu lieben, bin ich auch in der Lage, sie zu lieben.

Als Psychologe gerate ich in ein frustrierendes Dilemma, wenn Folgendes passiert: Zwei Menschen, die in einer lieblosen Beziehung stecken, kommen zu mir, weil ihre Ehe dahinwelkt und dringend einen Schuss belebender Romantik braucht. Der Mann oder die Frau sagt dann – meist in lustlosem, müdem Ton –: »Unsere Ehe ist nur noch Gewohnheit. Es gibt keinen Zauber mehr, kein Prickeln, keine Leidenschaft. Es ist nichts als die ewig gleiche langweilige Routine, Woche für Woche, Monat für Monat. Ich weiß nicht einmal mehr, warum wir überhaupt noch zusammen sind.«

Im ersten Moment möchte ich ihnen sagen: »Die Lösung ist ganz einfach. Machen Sie Ihre Ehe mit Romantik wieder gesund! Fachen Sie die Glut Ihrer Leidenschaft an, bis sie Flammen schlägt. Verbringen Sie ein Wochenende in Ihrem Lieblingshotel; gehen Sie in das Restaurant zum Essen, in dem Sie Ihre erste Verabredung hatten; machen Sie Hand in Hand einen Schaufensterbummel in der Stadt; schicken Sie ihr Blumen; bringen Sie ihm das Frühstück ans Bett.«

Es stimmt, dass viele Ehen die in eine Krise geraten sind, nichts weiter brauchen als einen Schuss Romantik und Leidenschaft. Aber die Lösung ist nicht immer ganz so einfach. Manchmal ist es für einen oder beide Partner nötig, an »inneren Angelegenheiten« zu arbeiten. Jeder muss eine liebevolle Beziehung zu seiner eigenen Person entwickeln, bevor er den Partner lieben kann. In solchen Fällen ist es meine Aufgabe, dem Mann oder der Frau dahin zu helfen, dass er oder sie sich selbst lieben kann.

2. *Romantik setzt voraus, dass zwei Menschen nach außen zeigen, welchen hohen Stellenwert der eine im Leben des anderen hat.*

Es ist nichts Romantisches dabei, im gleichen Zimmer mit einem Menschen zu sein, der vor dem Fernseher sitzt und Fußball guckt und seinen Partner ignoriert. Genauso wenig romantisch ist es, einen ganzen Abend lang im gleichen Haus mit jemandem zu sein, der ständig am Telefon hängt. Das grundlegende Geheimnis der Romantik ist die Frage, welchen Stellenwert ich meinem Partner einräume. Zwei Menschen müssen die Sicherheit haben, dass sie einander mehr bedeuten als alles andere auf der Welt.

Ich finde es faszinierend, dass wir alle den Wunsch haben, für jemanden der *wichtigste* Mensch zu sein. Es reicht nicht, im Leben eines Menschen den zweiten Platz einzunehmen. An erster Stelle zu stehen ist das Einzigartige an der ehelichen Liebe. Wenn Sie für Ihren Partner der wichtigste Mensch sind und Ihr Partner der wichtigste Mensch für Sie ist, dann brauchen Sie nur den richtigen Ort und genug Zeit, um die Romantik zu beleben.

3. Zielgerichtete Wahrnehmung ist für die Romantik besonders wichtig.

Wenn alle Voraussetzungen für einen romantischen Abend erfüllt sind, die Gedanken des einen Partners aber bei einer geschäftlichen Frage oder beim Essen auf dem Herd sind, dann verliert der romantische Moment seine Kraft. Ich brauche *jetzt in diesem Moment* die Gewissheit, dass mein Partner sich ganz auf *mich* konzentriert. Wenn sich die gegenwärtigen Gedanken und Gefühle meines Partners nicht um mich drehen und er für mich nicht im Mittelpunkt steht, dann verflüchtigt sich die Romantik oder wird zumindest schwach und unbefriedigend.

An diesem Punkt können wir eine weitere Überlegung anstellen: Mein Partner konzentriert sich gerade jetzt auf etwas anderes – inwieweit ist es überhaupt sinnvoll, ihn dazu zu bewegen, dass er seine Aufmerksamkeit wieder mir und diesem Augenblick zuwendet? Und wie wird das romantische Erleben dadurch beeinflusst?

Wenn ich zum Beispiel Hand in Hand mit meiner Frau die Straße entlanglaufe, mich richtig gut fühle und plötzlich spüre, dass sie gar nicht richtig da ist oder sich in Gedanken mit irgendeinem Problem beschäftigt, dann ist das auf jeden Fall ein Dämpfer für diesen romantischen Moment. Ich kann natürlich zu ihr sagen: »Ich merke, dass du deinen Kopf ganz woanders hast. Lass das doch jetzt; ich wünsche mir so, dass es für uns an diesem Nachmittag nur uns beide gibt.« Aber damit leere ich einen großen Eimer Wasser über die romantische Glut. Es ist möglich, trotzdem noch etwas daraus zu machen, aber wenn die Romantik in einem bestimmten Moment richtig in Fahrt kommen soll, dann müssen wir uns beide stark aufeinander konzentrieren – möglichst ohne Unterbrechung.

Die zielgerichtete Wahrnehmung spielt eine große Rolle in der Entfaltung der Liebe. Sie macht aus einer gemeinsamen Erfahrung etwas wirklich Gemeinsames. Wenn wir in Gedanken nicht anwesend sind, dann ist unser Herz ganz sicher auch nicht bei der Sache, und wenn das geschieht, dann schmilzt die Romantik wie ein Eiswürfel in der heißen Sonne.

4. Romantik gedeiht nur, wenn alle Sinne wach sind.

Wenn Sie beide den Duft des anderen mögen, dann fördert das die Romantik. Wenn im Hintergrund Musik erklingt, die Ihnen beiden gefällt, ist das ein weiterer Pluspunkt. Wenn die Sterne leuchten und der Himmel sich in seiner ganzen Pracht zeigt, trägt das ebenfalls zur romantischen Stimmung bei. Wenn Sie und Ihr Partner an einem warmen, entspannenden Getränk nippen und den köstlichen Geschmack auf der Zunge genießen, wird das gemeinsame Erlebnis vertieft. Und wenn sich die Hand Ihres Partners so weich anfühlt wie die Haut eines Babys, gibt das den liebevollen Gefühlen Auftrieb. Wenn alle unsere Sinne hellwach und beteiligt sind, erreicht die Romantik mit großer Sicherheit ihren Gipfel.

Manchmal sind die äußeren Umstände fast genauso wichtig wie die innere Stimmung. Zum Beispiel hat die Romantik mitten in einem anstrengenden Arbeitstag keine Chance, aber der Feierabend schafft eine wundervolle Atmosphäre für romantische Zweisamkeit.

Wenn die Umstände stimmen, können Ihre Sinneserfahrungen zu Ihrem Bewusstsein durchdringen. Plötzlich haben Sie Zeit, den Duft einer Blume einzuatmen, dem Singen der Vögel zuzuhören und eine schöne Landschaft zu betrachten. Vor allem können Sie sich mit Blicken, Berührungen und allen anderen Sinnen besser dem einen Menschen zuwenden, den Sie am meisten lieben. Diese Zeit ergibt sich nicht immer von selbst. Manchmal muss man sie sich auch bewusst nehmen. Tun Sie das auf jeden Fall; Ihre Ehe ist es wert.

5. An einer romantischen Erfahrung müssen beide Partner beteiligt sein.

Kann es etwas Frustrierenderes auf der Welt geben als eine einseitige romantische Beziehung? Ein unromantischer Partner kann eine Beziehung so belasten, dass das Maß an Romantik in der Ehe immer weiter sinkt, bis es schließlich den Nullpunkt erreicht hat. Dazu möchte ich Ihnen aber etwas sagen: Ich konnte oft beobachten, wie es Ehemännern und Ehefrauen gelang, den Funken der Romantik in eine Flamme der Leidenschaft zu verwandeln, weil sie nicht aufgaben, mit ihrem Partner daran zu arbeiten.

Vor einigen Jahren hatte ich einen Arzt und seine Frau in der Beratung, deren Ehe an einem akuten Fall von Frust litt. Die Frau war verträumt und romantisch und wünschte sich sehnlichst, ihr Mann wäre ebenso. Er dagegen hatte viel zu tun. Er kümmerte sich jeden Tag um seine Patienten und bekam oft auch Notrufe in der Nacht. Er stand in aller Frühe auf und arbeitete bis zum späten Abend. Wenn er dann schließlich nach Hause kam, war er körperlich und seelisch völlig ausgepumpt. Während seine Frau sich dringend mehr Romantik wünschte, hatte er weder Kraft noch die Fähigkeit, sich ihr völlig zuzuwenden.

Glücklicherweise gab diese beharrliche Frau nicht auf. Sie liebte ihren Mann von ganzem Herzen und war überzeugt, dass auch er sie von ganzem Herzen liebte (obwohl er anfangs wenig davon erkennen ließ). Sie packte ihm etwas zu essen ein und legte kleine Liebesbriefe dazu. Manchmal stand sie vor ihm auf – das war sehr früh – und stellte ihm sein Lieblingsfrühstück auf den Tisch. Und gelegentlich sprach sie sich sogar mit seiner Sekretärin ab, damit er am Freitagnachmittag keine Termine mehr hatte, und entführte ihn zu einem Wochenende in einem Strandhaus. Sie ging ihm mit einem Herz voller Liebe und eiserner Entschlossenheit nach.

Ein Mann müsste schon sehr kaltherzig sein, um bei solch aufmerksamer Behandlung ungerührt zu bleiben. Aber zu meiner Freude kann ich sagen, dass der Arzt seine romantische Ader wiederfand. Mit der Zeit fand er so viel Gefallen an ihren romantischen Begegnungen, dass er selbst anfing, solche Termine zu planen und Ausflüge zu organisieren.

Seine Frau sagte mir bei unserem Abschlussgespräch: »Machen wir uns nichts vor, zur Romantik gehören zwei Menschen, die mit dem Herzen dabei sind. Solange ich als Einzelne versuchte, Romantik zu verwirklichen, kam es mir vor, als würde ich ständig in eine Sache investieren, bei der nichts heraussprang. Aber ich wusste, dass ich eines Tages etwas dafür zurückbekommen würde – und so ist es auch. Noch nie zuvor war unsere Ehe so wunderbar – und so leidenschaftlich.«

Der Mann wiederum sagte: »Ich fasse es nicht, wie ich diese schöne Frau so lange übersehen konnte.« Und mit einem Grinsen fügte er hinzu: »Ich glaube, ich muss alles aufholen, was ich bisher verpasst habe.«

Solche Geschichten passieren wirklich! Wenn Ihr Liebesleben im Moment einseitig ist, dann geben Sie nicht auf. Man muss nur lang genug umwerben, hegen und pflegen, um selbst die schwächste Glut in lodernde Flammen zu verwandeln.

Wie Sie die Romantik in Ihrer Ehe zum Leben erwecken können

Sie haben allen Grund, damit zu rechnen, dass sich die Romantik in Ihrer Ehe zu neuen Höhen aufschwingen kann und wird. Wenn Sie sich das beide von Herzen wünschen, stehen die Chancen gut, dass es wirklich geschieht. Und wenn das eintritt, wird Ihre gesamte Beziehung für Sie beide viel aufregender. Der Lohn für mehr Romantik ist eine Veränderung zum Guten, und das macht den Einsatz, den Sie dafür erbringen müssen, auf jeden Fall wett.

Dem möchte ich aber gleich hinzufügen, dass Sie bei allem Optimismus auch realistisch bleiben sollten. Sie dürfen Fortschritte erwarten, aber keine Wunder. Ich will damit sagen, dass sich eine jährliche Wachstumsrate von zehn Prozent auf jeden Fall verwirklichen lässt, und wenn Sie sich auf diese Größenordnung einstellen, werden Sie sehr wahrscheinlich erleben, wie die Romantik in Ihrer Ehe Jahr für Jahr zunimmt. In fünf Jahren kann Ihre Ehe völlig anders aussehen.

Nach diesen grundlegenden Gedanken wollen wir uns nun den

Einzelheiten zuwenden: Ich haben Ihnen im Folgenden ein einfaches Programm zur Neubelebung der Romantik zusammengestellt.

1. *So selbstverständlich es klingt: Sie und Ihr Partner müssen Zeit zusammen verbringen.*

Damit meine ich, Sie sollten reichlich und regelmäßig Zeit füreinander haben. Manche Ehepaare sehen sich während der Woche kaum und erwarten dann, dass am Samstagabend sofort eine romantische Stimmung eintritt. Aber es ist schwierig, an Vorausgegangenem anzuknüpfen, wenn man nicht ständig miteinander im Gespräch ist und keine Zeit hat, sich auf das Zusammensein einzustellen.

Marylyn und ich sind so gut wie jeden Abend zusammen. Wir arbeiten beide außer Haus und beenden unseren Arbeitstag um 18 Uhr. Weil wir mit zwei Autos unterwegs sind, telefonieren wir meistens am späten Nachmittag miteinander und machen unsere Pläne für den Abend. Manchmal treffen wir uns in einem Restaurant am Ort, und manchmal wollen wir beide einfach nur nach Hause. So oder so verbringen wir fast jeden Abend gemeinsam, und ich kann Ihnen gar nicht sagen, wie sehr das romantische Element in unserer Ehe von der »Alltäglichkeit« unseres Zusammenseins profitiert.

Wenn wir zusammen essen, erzählen wir uns, was den Tag über passiert ist. Wir sprechen über die Leute, die wir getroffen haben, über Aufgaben, die wir erledigt haben, über Dinge, die gut geklappt haben und Dinge, die schief gegangen sind. Wann immer es möglich ist, gehen wir über diesen Tagesbericht hinaus und erzählen, wie wir uns in einzelnen Situationen gefühlt haben und wie wir damit umgegangen sind. Ich freue mich jedes Mal mehr auf diesen Austausch als auf das Essen.

Dieses tägliche Ritual verknüpft unser beider Leben miteinander. Jeder von uns weiß sehr gut darüber Bescheid, womit der andere sich täglich herumschlägt, und nimmt interessiert daran Anteil. Dadurch lernen wir einander in- und auswendig kennen – vom Innersten unserer Seele bis zu den Interessen und Neigungen, die mehr nach außen gehen. Das liegt nicht so sehr daran, dass wir so lange über den Tag reden, sondern an dem immensen Interesse, das wir einander entgegenbringen; dieser abendliche Austausch ist so spannend wie ein Zeitungsbericht über unsere Lieblingsmannschaft beim Fußball.

2. Träumen Sie zusammen.

Träume beinhalten, dass Sie für sich selbst und für Ihre Ehe ein Ziel haben. Ein wunderbarer Traum für Ihre Ehe muss ein wunderbarer Traum für Sie, ein wunderbarer Traum für Ihren Partner und ein wunderbarer Traum für Sie beide sein. Solche Eheträume können Ihnen am meisten helfen, wenn Sie sie Ihrer jeweiligen Situation anpassen. Sobald ein Traum veraltet ist, verliert er seine Kraft, Sie zu motivieren und zu inspirieren.

Ich möchte Sie ermutigen, mehrere Träume für Ihre Ehe zu haben – einen für das nächste Jahr, einen für die nächsten fünf Jahre und einen weiteren für die nächsten zehn Jahre. Und ich möchte Sie ermutigen, mindestens zweimal jährlich an Ihren Träumen zu arbeiten – vielleicht an Ihrem Hochzeitstag und dann noch einmal ein halbes Jahr später.

Zusammen zu träumen und zusammen an der Verwirklichung des gemeinsamen Traumes zu arbeiten, trägt ganz wesentlich zur Romantik in Ihrer Ehe bei.

3. Nehmen Sie sich jeden Tag die Zeit, Ihren Partner bewusst zu unterstützen.

Wenn Sie mit dem Beten vertraut sind, sollten Sie viel und oft für Ihren Partner beten. Ich glaube fest daran, dass Gott unsere Gebete hört und auf sie antwortet, und verbringe fast jeden Tag einige Zeit im Gebet für Marylyn. Ich bin überzeugt, dass ihr Leben dadurch eine tiefere Dimension gewinnt.

Ein schöner Nebeneffekt unserer Gebete ist, dass sie nicht nur dem geliebten Menschen helfen, sondern auch uns selbst verändern. Gebete stärken spürbar unsere gegenseitige Liebe als Ehepartner. Auch das hängt mit dem Konzept der zielgerichteten Wahrnehmung zusammen. Wenn Sie für Ihren Partner beten, konzentrieren Sie sich ganz auf ihn oder sie. Alle unsere Hoffnungen und guten Wünsche sind auf diesen Menschen gerichtet, wenn wir Gott bitten, sein Leben zu lenken.

4. *Planen Sie mindestens einmal im Monat einen gemeinsamen Tag mit Ihrem Partner ein.*

Es ist gar nicht so wichtig, was Sie in dieser Zeit unternehmen, so lange es Ihnen beiden Spaß macht. Sie können zusammen einen Ausflug in eine Gegend machen, die Ihnen gefällt, eine Burgruine erforschen, in Ihrem Lieblingsbuchladen herumstöbern, ein Picknick im Park machen oder ein Museum besichtigen.

Egal, was Sie an diesem Tag tun, die gemeinsame Unternehmung kommt Ihrem Bedürfnis nach romantischen Momenten in der Ehe mehr entgegen als vieles andere. Sie verspricht Ihnen Zeit füreinander – Zeit, um sich auszutauschen, Zeit, um die Flamme der Liebe in Ihnen beiden neu zu entzünden, Zeit, um mit ganzem Herzen zu diesem »Leben zu zweit« zurückzufinden, das Ihnen bei der Hochzeit so aufregend erschien. Schon bald werden Sie solchen Tagen gespannt entgegensehen und sie voller Vorfreude planen.

5. *Mindestens zweimal im Jahr sollten Sie mit Ihrem Partner für mehrere Tage verreisen.*

Kürzere Ausflüge sind eine große Bereicherung. Doch Sie brauchen auch geruhsame, entspannende Tage, um Ihre Liebe zu pflegen. Wenn es sich machen lässt, sollten Sie an einen Ort gehen, an dem es schön ist und es Ihnen leicht fällt, Ihre Spannungen und die alltäglichen Angelegenheiten loszulassen.

Zu Beginn dieses Kapitels schilderte ich Ihnen ein solches Wochenende in den Bergen. Aber es gibt unzählige Möglichkeiten für einen Wochenendausflug. Viele Ehepaare machen die Erfahrung, dass es romantisch ist, irgendwo am Wasser zu sein. Sie könnten ein Wochenende am Meer verbringen oder an einem Lieblingsfluss oder -see.

So ein paar Tage müssen gar nicht viel kosten. Mieten Sie eine kleine Hütte, packen Sie Ihre Campingausrüstung ein oder leihen Sie sich einen Wohnwagen von Ihren Eltern oder Freunden. Egal, für was Sie sich entscheiden – setzen Sie es in die Tat um! Und vergessen Sie nicht, dass Zeiten der Romantik einen wichtigen Platz in Ihrer Tagesplanung haben sollten. Das bedeutet zum Beispiel, morgens einen Spaziergang am Wasser, ein langes Mittagsschläfchen am Nachmittag, ein Essen im Mondschein und Tanzen und Kuscheln unter dem Sternenhimmel in der Nacht.

6. Suchen Sie etwas, was Sie zusammen für andere tun können.
Vor Jahren las ich eine Studie, aus der hervorging, dass Menschen, die sich zusammen um andere kümmern, oft Achtung, Wertschätzung und Anziehung füreinander entwickeln. Wir sollten diesen einfachen, aber bedeutsamen Weg, die romantische Seite in der Ehe zu stärken, nicht außer Acht lassen.

Wenn wir etwas für andere tun, gibt uns das selbst ein gutes Gefühl. Denken Sie an das Prinzip: Wir finden die Menschen am anziehendsten, in deren Gegenwart wir uns wohl in unserer Haut fühlen. Wenn wir anderen Menschen mit dem helfen können, was wir zu geben haben, fühlen wir uns gut. Und wenn Sie und Ihr Partner sich gemeinsam um andere kümmern und dabei ein gutes Gefühl haben, folgen zwangsläufig alle möglichen positiven, liebevollen Gefühle.

7. Erinnern Sie sich immer wieder gegenseitig daran, wie viel Sie einander bedeuten.
Nutzen Sie jede Möglichkeit, um Ihrem Ehepartner zu vermitteln: »Du bist für mich der wichtigste Mensch auf der Welt.« Sie können das mündlich, schriftlich oder durch kleine Aufmerksamkeiten zum Ausdruck bringen. Ich erzählte bereits, dass ich Marylyn manchmal ein Buch kaufe und vorne ein kleines Gedicht hineinschreibe. Gelegentlich bringe ich ihr auch einen Riegel Milky Way mit, weil sie den am liebsten mag. Sie könnte sich ganz sicher selbst ein Buch oder ein Milky Way kaufen. Darum geht es gar nicht! Diese kleinen Gesten zeigen ihr, dass ich sie bewusst wahrnehme, und das zieht sie näher zu mir.

So, das war's! Mit diesem siebenteiligen Programm gelingt es Ihnen auf jeden Fall, mehr Romantik in Ihre Ehe hineinzubringen. Fangen Sie gleich an, es in die Tat umzusetzen, und ich garantiere Ihnen, es wird Ihnen gefallen, was dann geschieht.

Es lohnt sich, mehr Romantik in Ihre Ehe zu bringen

Ich würde Ihnen gern noch mehr über Romantik erzählen, aber ich muss jetzt aufhören. Marylyn und ich sind heute Nachmittag miteinander verabredet. Wir wollen ins Kino gehen. Wir interessieren uns beide für den neuen Film mit Tom Hanks, und der fängt um 16.40 Uhr an. Sie können darauf wetten, dass ich mich an das halten werde, was ich Ihnen in diesem Kapitel berichtet habe. Ich werde während des Films ganz dicht neben Marylyn sitzen, werde hinterher mit ihr essen gehen, ihr tausend Fragen stellen, was sie über dieses und jenes denkt, ihr aufmerksam zuhören und ihr zu erkennen geben, dass sie mit Abstand der wichtigste Mensch in meinem Leben ist. Vielleicht wollen Sie mit Ihrem Mann oder Ihrer Frau heute Nachmittag auch etwas unternehmen?

Noch ein letztes Wort, bevor ich zu meiner Verabredung aufbreche: Wenn Sie sich dafür entscheiden, können Sie bis zum Ende Ihres gemeinsamen Lebens immer mehr Romantik in Ihre Ehe hineinbringen. Und ich weiß aus persönlicher Erfahrung, dass sich nichts so sehr lohnt wie der Einsatz, den Sie erbringen, um Ihre Beziehung romantischer zu gestalten.

Nur Mut! Tun Sie den ersten Schritt und zeigen Sie Ihrem Partner, wie wichtig er Ihnen ist. Nichts, was Sie für Ihre Ehe tun könnten, hat auch nur annähernd so große Auswirkungen wie Ihre treuen Bemühungen, Ihrem Partner zu vermitteln, dass Sie ihn lieben. Und Sie dürfen optimistisch sein. Das romantische Element wird *ganz sicher* zunehmen, und dann wird es in Ihrer Ehe deutlich mehr Erfüllung geben.

Beleben Sie Ihre Ehe mit Humor

Gestern kamen Marylyn und ich müde, erschöpft und gereizt von der Arbeit nach Hause. Wir waren früh aufgestanden, hatten lange gearbeitet und uns mit verschiedenen Problemen und Nöten herumgeschlagen. Die Post – Rechnungen und Werbung – konnte unsere Laune nicht heben, und genauso wenig ein Telefonanruf – jemand wollte uns eine Versicherung verkaufen –, der uns bei der Vorbereitung unseres einfachen Abendessens unterbrach.

Als wir uns zum Essen hinsetzten, spürte ich, dass dies so ein Abend war, an dem man leicht in düstere Stimmung verfallen konnte. Die schlechte Laune lauerte unter der Oberfläche, und es würde nicht viel brauchen, um sie hervorbrechen zu lassen. Ich beschloss, etwas auszuprobieren.

»Weißt du, woran ich heute gedacht habe?«, fragte ich.

Marylyn brummte verneinend und bestrich ein Brötchen mit Butter.

»Keine Ahnung, wie ich darauf kam, aber plötzlich erinnerte ich mich an das Nassau Restaurant«, erklärte ich mit einem kleinen Grinsen. »Du weißt schon, was ich meine.«

Sie begann zu lächeln. »Na klar.«

Mehr war nicht nötig, um ein Gespräch in Gang zu bringen, und die nächsten zehn Minuten verbrachten wir damit, die Erinnerung an ein Erlebnis aufzufrischen, das Teil unserer Familiengeschichte geworden ist.

Es geschah vor vielen Jahren in Princeton in New Jersey, als unsere drei Töchter noch klein waren. Wir machten einen Abstecher in die Stadt, die wir vom Studium her noch gut kannten. Damals waren wir gern ins Nassau Restaurant essen gegangen. Es war ein gehobenes, vornehmes Lokal mit einer ausgezeichneten Küche. Wir vergaßen allerdings, dass dort überwiegend langweilige alte Käuze hingingen, die mit Kindern nichts zu tun haben wollten, bevor diese nicht ihr vierzigstes Lebensjahr erreicht hatten. Dessen ungeachtet, wurden wir an einen Tisch für fünf Personen geführt, der mit einer feinen Tischdecke, Kristallglas und einem ganzen Sortiment von silbernem Besteck ausgestattet war. Man konnte sich nicht vorstellen, dass das alles für eine einzige Mahlzeit nötig sein sollte.

Wir saßen noch nicht lange, da fing Lindsay, unsere Jüngste, zu weinen an, und alle Augen richteten sich auf uns. Wir versuchten sie abzulenken, indem wir ihr alles anboten, was in Marylyns Handtasche und meinen Hosentaschen zu finden war, aber das reichte ihr nicht (wahrscheinlich war sie auf unser komplettes Vermögen aus). Mit rotem Kopf packte Marylyn die inzwischen laut schreiende Kleine und verschwand in Richtung Toilette. Bei dieser Gelegenheit ließ unsere mittlere Tochter Luann ihr Messer zu Boden fallen und kroch unter den Tisch, um es wieder zu holen. Als ich mich herunterbeugte, um ihr zu sagen, sie solle nicht auf dem Boden herumrutschen, bemerkte ich, wie die fünfjährige Lorrie nach einem großen Glas Eiswasser griff.

»Nein!« Ich schrie fast, als ich nach dem Glas griff und dabei die Hälfte des Inhalts verschüttete.

Durch meine erhobene Stimme und die plötzliche Bewegung erschreckt, fing Lorrie an zu weinen – und zwar auf die Art, die mit einem schwachen Wimmern beginnt und sich zu einem lautstarken Geheule steigert. Es war wie so eine Feuerwehrsirene, die in der Ferne beginnt und immer lauter wird, bis einem fast das Trommelfell platzt.

Währenddessen stöberte Luann auf der Suche nach ihrem Messer unter dem Tisch herum und entdeckte andere wertvolle Schätze: »Schau mal, Papi! Ich hab einen Penny und ein Bonbon gefunden!«

»Komm sofort wieder rauf!«, befahl ich ihr in dem Ton, der mit zusammengebissenen Zähnen ausgestoßen wird und immer ein bisschen lauter ausfällt als beabsichtigt, so dass jeder in einem Umkreis von fünf Metern alles mithören kann.

Lorrie schluckte ihre Tränen hinunter und langte wieder nach dem Wasser. Lindsays Geschrei in der Toilette war immer noch zu hören.

Zwei ältere Leute, die einen korrekten und etwas spießigen Eindruck machten, räusperten sich betont laut und starrten mich an. Ein Kellner tauchte auf und fragte, ob er etwas für mich tun könne. Ich fragte, ob er ein guter Babysitter sei, aber das fand er überhaupt nicht lustig. Nach fünf weiteren chaotischen Minuten hatten wir die Kinder so weit beruhigt, dass wir das Essen hastig in uns hineinschlingen konnten, bevor die nächste Katastrophe drohte.

Ich kann Ihnen versichern, dass dieser peinliche Auftritt damals kein bisschen amüsant war. Aber im Lauf der Jahre ist daraus eine der Familienanekdoten geworden, die immer lustiger werden, je öfter man sie erzählt. Und als Marylyn und ich gestern abwechselnd weitere Einzelheiten ergänzten, schlug unsere gedrückte Stimmung in Heiterkeit um. Am Schluss lachten wir lauthals, und wir verbrachten einen lustigen Abend damit, uns eine köstliche Erinnerung nach der anderen ins Gedächtnis zu rufen.

Humor, Lachen und die leichtere Hand

Wenn zwei Menschen ihre Ehe stark machen wollen, dann können sie dieses Ziel auf verschiedenen Wegen erreichen. Was ich empfehle, ist der Weg des Humors, der Fröhlichkeit und Unbeschwertheit. Ich benutze diese »Werkzeuge« in meiner Ehe, und ich ermutige jeden Ehemann und jede Ehefrau, es mir nachzutun.

In meiner psychotherapeutischen Praxis habe ich immer wieder Beratungsgespräche mit Ehepaaren, die von ihren Auseinandersetzungen und Problemen frustriert sind. Meine Aufgabe ist es, diese Dinge zu beleuchten und dazu beizutragen, dass die beiden sich besser verstehen, einander vergeben und ihre Schwierigkeiten gemeinsam anpacken. Ich habe die Wahl, wie ich dabei vorgehe. Ich kann mich in die Probleme vertiefen und mit den Konflikten ringen, oder ich kann eine positivere Richtung einschlagen. Beides ist wirklich unerlässlich, wenn man eine Ehe wieder völlig in Ordnung bringen will. Inzwischen glaube ich jedoch, dass ich früher – als ich mich total abmühte, um bei der Konfliktlösung zu helfen – eine wichtige andere Möglichkeit, den Eheleuten zu helfen, viel zu sehr außer Acht ließ.

Der Schlüssel dazu ist Humor in der Ehe. Er sorgt für einen entspannteren Umgang miteinander und leistet gleichzeitig einen wesentlichen Beitrag in dem Bemühen, eine Ehe zu erneuern. Eine Ehe gewinnt unermesslich an Wert, wenn zwei Menschen etwas gemeinsam erleben, wenn sie einander an ihren Erlebnissen teilhaben lassen und wenn sie erkennen, wie sich durch die geteilte Erfahrung ein Zusammengehörigkeitsgefühl einstellt. Und wenn diese Erfahrung beide zum Lachen reizt, ist das noch besser.

Humor ist der Treibstoff im Tank eines Ehepaars

Tim und Jennifer kamen nach einem meiner Eheseminare auf mich zu. Sie hatten zwei Söhne unter sechs Jahren und fühlten sich »überarbeitet, schlecht bezahlt und ständig erschöpft«.

»Wir brauchen Hilfe, um unsere Ehe wieder ins rechte Gleis zu bringen«, sagte mir Jennifer. »Wir waren fünf Jahre glücklich verheiratet, bis unsere Kinder kamen, aber dann ...« Sie verstummte, und Tim beendete ihren Satz.

»Aber dann fingen wir an zu streiten, wir entfernten uns voneinander, und jetzt ist die Freude an unserer Ehe so gut wie weg«, sagte er. »Jetzt fühlen wir uns eher wie Zimmergenossen oder Geschäftspartner statt wie Eheleute.«

Sie wollten einen Termin für eine Ehetherapie bei mir, und zögernd erklärte ich mich dazu bereit – zögernd deshalb, weil ich mir sicher war, dass sie keine Therapie brauchten. Aus Erfahrung weiß ich, dass ein Ehepaar mit kleinen Kindern einfach oft mehr Schlaf, mehr Romantik, mehr Gelegenheit zum Austausch und mehr Zeit für die Beziehung braucht. Aber ich antwortete, ich würde ihnen gern helfen, wenn ich könnte, und wir machten einen Termin für die folgende Woche aus.

Als Tim und Jennifer in mein Büro kamen, bat ich sie, mir etwas mehr über ihre Beziehung zu sagen, und sie beschrieben eine Situation, die mir schon ein Dutzend Mal begegnet war.

»Ich habe mich letztes Jahr mit meiner Grafikdesignfirma selbständig gemacht«, erzählte Tim, »und ich muss sehr viel arbeiten, um die Sache ins Rollen zu bringen. Ich komme müde und entmutigt nach Hause – und Jennifer steht schon mit den Kindern an der Tür und erwartet, dass ich sie übernehme. Ich würde mich gern ausruhen, und ich hätte gern Zeit, um Jennifer von meinem Tag zu erzählen, aber beides ist unmöglich.«

Jennifer brannte darauf, ihre Seite der Geschichte zu schildern.

»Es ist ja nicht so, dass ich meine Beine hochlege oder mich hinsetze und eine Zeitschrift lese, wenn Tim nach Hause kommt«, sagte sie. »Während er auf die Kinder aufpasst, erledige ich all die Dinge im Haushalt, die ich den Tag über nicht bewältige, weil ich ständig hinter zwei wilden Kerlen herrennen muss. Ich verbringe den ganzen Abend mit Abwaschen, Bügeln und Aufräumen.«

Es war offensichtlich, dass dem geplagten Paar einfach der Treibstoff ausgegangen war. Tim arbeitete zu viel. Jennifer fühlte sich vernachlässigt. Tim hatte den Eindruck, seine aufopfernde Arbeit werde nicht anerkannt, und allein war Jennifer mit den Kindern überfordert. Sie hatten bereits so viel Kraft verbraucht, dass sie gefährlich nahe an das Stadium herangekommen waren, in dem viele Ehepaare das Handtuch werfen.

Glücklicherweise waren sie beide psychisch stabil und wussten, wie man miteinander redet, und sie wollten aus ihrer Ehe das Beste machen. Sie hatten ihren Tank schon lange nicht mehr aufgefüllt. Darum war es kein Wunder, dass sie jetzt auf der Autobahn des Lebens ins Stottern und Schlingern kamen.

Ich fragte Jennifer: »Was gefällt Ihnen an Tim am besten?«

Sie wollte diese Frage nicht beantworten. Sie war von ihm enttäuscht. Sie hatte es satt, sich vernachlässigt zu fühlen, und sie fürchtete, sie würde ihn zu leicht davonkommen lassen, wenn sie jetzt etwas Gutes über ihn sagte. Sie saß da und starrte zu Boden und weigerte sich, eine Antwort zu geben.

Da ich ganz gut nachvollziehen konnte, was in ihrem Kopf vorging, wartete ich.

Nach ungefähr 90 Sekunden blickte sie mit einer Mischung aus Langeweile und Trotz zu mir hoch. Sie sagte wörtlich: »Wie war noch einmal Ihre Frage?«

»Was gefällt Ihnen an Tim am besten?«, wiederholte ich.

Nach weiteren zwanzig Sekunden hatte sie genug Mut gesammelt, um sich auf mein Vorgehen einzulassen.

»Ich glaube, es ist sein Humor«, sagte sie mit leiser Stimme.

»Erzählen Sie mir von seinem Humor«, sagte ich und lächelte ein bisschen.

»Na ja«, fing Jennifer langsam an, »Tim ist unheimlich lustig. Man hat gar nicht das Gefühl, dass er sich darum bemüht. Er ist einfach so. Wenn er richtig loslegt, bringt er mich stundenlang zum Lachen.«

Volltreffer! Den schwersten Schritt hatten wir hinter uns. Ich hatte den Eindruck, dass sie monate-, vielleicht sogar jahrelang über ihre ganzen Probleme gesprochen hatten, dass es aber sehr weit zurücklag, seit sie ihre guten Gefühle füreinander zuletzt bewusst wahrgenommen hatten.

Natürlich fragte ich Tim, was ihm am besten an Jennifer gefiel. Nachdem er inzwischen vorgewarnt war, kam seine Antwort sofort: »Jennifer kann der liebevollste Mensch der Welt sein.«

Ich hörte das »kann«, aber auf seine Antwort würden wir später zurückkommen. Zunächst lag mir sehr viel daran, an Jennifers Aussage über Tims Humor anzuknüpfen. Warum? Weil ich nach einem geeigneten Treibstoff für diese Beziehung suchte, und es gibt keinen besseren Treibstoff als Humor, Lachen und Heiterkeit.

»Fangen wir erst einmal mit Tims Humor an«, sagte ich. »Jennifer, geben Sie mir doch bitte ein Beispiel, wie Tim Sie zum Lachen bringt.«

Sie kreuzte die Arme über der Brust und sagte: »Ich muss aber dazu sagen, dass er schon seit Monaten nicht mehr lustig war.«

»Greifen Sie ruhig so weit zurück, wie es nötig ist«, ermunterte ich sie.

Sie dachte eine Weile nach, und mit einem leichten Lächeln fing sie an zu erzählen: »Na ja, Tim tat immer so, als sei er ein reicher Mann. Dabei kamen wir in Wirklichkeit gerade so von einem Gehalt zum nächsten über die Runden. Aber vor ein paar Jahren rief er mich einmal von der Arbeit aus an und sagte, er wolle mit mir ausgehen. Ich fragte ihn, was das heißen sollte, aber er sagte, ich solle mich um einen Babysitter kümmern und mich schön machen, und er würde mich um halb sieben abholen. Ich fand jemand, der auf die Kinder aufpasste. Ich zog mein bestes Kleid an, und genau um halb sieben klingelte es an der Tür. Tim hatte einen seiner Freunde überredet, den großen Firmenwagen zu fahren; sie trugen beide eine schwarze Krawatte und einen Zylinder, und so holten sie mich ab.« Als ich an die Tür kam, sagte Tim: »Guten Abend, Mrs. Jenkins, es ist mir eine Ehre, dass Sie mir heute Gesellschaft leisten.« Ich musste lachen, aber er verzog keine Miene. Von diesem Moment an bis wir wieder nach Hause kamen lachte ich in einem fort, bis mir die Tränen kamen. Es war einer der schönsten Abende meines Lebens.«

Während Jennifer redete, beobachtete ich Tim aus den Augenwinkeln. Er sah mit einem verlegenen Lächeln weg, aber er war auch ein bisschen stolz. Es war offensichtlich, dass es ihm gefiel, diese Geschichte von ihr zu hören. Innerhalb der nächsten zehn Minuten erzählte sie immer weitere Einzelheiten von *dem* Abend, als Tim unwiderstehlich witzig gewesen war und, zumindest für diesen einen Abend, ihr Herz gewonnen hatte. Wir alle lachten lauthals. Auf diese Weise gelang es uns, eine andere Seite ihrer Beziehung ins Blickfeld zu bekommen und ihren Tank für den langen Weg der Heilung ihrer Ehe neu aufzufüllen.

Natürlich hatten sie noch eine Menge zu tun und mussten viele klärende Gespräche führen. Aber indem wir ihrer Beziehung die dringend benötigte Unbeschwertheit eingeflößt hatten, war eine optimistische Einstellung entstanden, die viel zum guten Gelingen beitrug.

Warum ist Humor so hilfreich in einer Beziehung?

Wenn zwei Menschen zehn Minuten zusammen lachen, so wie es bei Tim und Jennifer geschah, ist das für ihre Beziehung ein äußerst wirksames Heilmittel. Ich möchte Ihnen erklären, warum ich finde, dass das Lachen für alle Paare so aufbauend ist.

Es hat im Wesentlichen mit der gemeinsamen Erfahrung zu tun. Wir lachen zusammen, weil wir das Leben beide mit Humor betrachten. Um genauer zu sein, wir entdecken, dass wir ein Erlebnis oder eine Situation gleich einschätzen, und weil der Humor dabei eine Rolle spielt, ist unsere Einschätzung positiv – oder vielleicht auch ungewöhnlich. Dass die Heiterkeit eine Ehe beleben kann, ist ein weiteres Beispiel für den Gedanken der zielgerichteten Wahrnehmung, mit dem wir uns schon beschäftigt haben. Wenn Sie ein Ereignis, an dem sowohl Sie als auch Ihr Partner beteiligt sind, ganz bewusst wahrnehmen, entsteht in diesem Moment eine Verbindung zwischen Ihnen – ähnlich wie beim gemeinsam bewunderten Sonnenuntergang.

Überlegen Sie einmal, warum Jennifer die Geschichte mit Tim so lustig fand. Tim war ein Mann mit durchschnittlichem Einkommen, der so tat, als wäre er reich. Das wirkte komisch, weil es so widersinnig war. Er steigerte das Ganze, indem er seine Frau mit förmlichen Worten und in förmlichem Ton begrüßte: »Guten Abend, Mrs. Jenkins, es ist mir eine Ehre, dass Sie mir heute Gesellschaft leisten.« Auch die Tatsache, dass er den ganzen Abend keine Miene verzog, machte die Sache noch komischer. Tims Fähigkeit, seine Rolle ernsthaft weiterzuspielen, obwohl er sich, wie Jennifer wusste, die ganze Zeit über die Absurdität seines Verhaltens im Klaren war, trug wesentlich zu ihrer Belustigung bei.

Wir sollten uns noch einem anderen Aspekt zuwenden, der mit für Jennifers Aussage verantwortlich war, dies sei »einer der schönsten Abende« ihres Lebens gewesen. Für Tim und Jennifer war der gesamte Abend ein positives Erlebnis. Er holte sie mit einem schönen Auto ab, führte sie zu einem wunderbaren Essen aus, widmete ihr seine gesamte Aufmerksamkeit und überschüttete sie mit Komplimenten. Jennifer spürte, dass Tim sie wirklich liebte – dass er gleichzeitig lustig und liebevoll war. Es konnte ihr nicht entgehen, dass er jede Einzelheit genau vorbereitet hatte, und das zeigte ihr, dass er sich aus Liebe zu ihr so viel Mühe gegeben hatte.

Humor und Gelassenheit verhelfen zu tieferen Einsichten über die Ehe

Im vergangenen Jahr hatten Marylyn und ich das Vergnügen, bei einer Reihe von Eheseminaren mitzuwirken, die in ganz Amerika in größeren Städten angeboten werden. Es gibt fünf Redner, und wir hören ihnen bei jedem Seminar wieder mit größter Aufmerksamkeit zu, als wäre es das erste Mal. So gut sind sie!

Kevin Leman, ein bekannter Ehe- und Familienberater, ist mit Abstand der Mann, der am unterhaltsamsten über die Ehe reden kann. Er hat zehn gute (und witzige) Bücher veröffentlicht[1], aber wie genial er wirklich ist, erkennt man erst, wenn er vor Hunderten oder Tausenden von Ehepaaren auf der Bühne steht.

In den 45 Minuten, die Kevin spricht, kommen die Zuhörer aus dem Lachen nicht mehr heraus. Er redet ausführlich über die Unterschiede zwischen Mann und Frau und beschreibt diese Unterschiede so treffend, dass jede Aussage noch mehr Gelächter hervorruft als die vorherige. Wenn er fertig ist, stehen die Zuhörermassen auf und klatschen und pfeifen minutenlang, weil sie von diesem Mann so begeistert sind.

Was gefällt den Ehepaaren so gut an Kevins Ausführungen? Er verhilft ihnen zu einer wunderbaren gemeinsamen Erfahrung, die sowohl den Männern als auch den Frauen Spaß macht. Sie sitzen 45 Minuten da und lachen zusammen. Ich beobachte sie oft. Sie fassen sich an den Händen, sie umarmen und küssen sich, sie stoßen sich gegenseitig mit dem Ellbogen an – und die ganze Zeit über lachen sie aus vollem Herzen.

Sie erfahren von Kevin auch das, was für sie wichtig ist. Durch seine Ausführungen bekommen sie das beruhigende Gefühl, genau wie andere Ehepaare zu sein: dass sie zu kämpfen haben ist normal; dass ihnen der Unterschied zwischen Mann und Frau zu schaffen macht, ist eine alltägliche Erfahrung. Doch Kevin ist nicht nur witzig, er vermittelt auch grundlegende Werte. Er hält die Ehe und die Familie hoch. Da wo er die Menschen am meisten zum Lachen bringt, gibt er ihnen auch viel Stoff zum Nachdenken mit.

Worüber lachen Ehepaare am häufigsten?

Jedes Ehepaar findet etwas anderes lustig. Manche amüsieren sich über witzige Formulierungen und Wortspiele. Andere haben eine Vorliebe für Übertreibungen und tragen extra dick auf, um Gelächter hervorzurufen. Wieder andere mögen etwas handfesteren Humor – sie spielen Streiche oder ein Partner erheitert den anderen mit spaßigen Imitationen.

Egal, wie der Humor aussieht, es gibt immer ein paar Dinge, über die fast alle Ehepaare lachen können. Der beliebteste Anlass zum Lachen sind vermutlich die gemeinsamen Kinder eines Ehepaars. Zumindest ist das bei Marylyn und mir so. Wenn Kinder lernen, wie man läuft, spricht, sich ausdrückt, können sich die Eltern vor Lachen manchmal kaum mehr halten. Vielleicht ist es überhaupt nur der Humor, der Eltern über Wasser hält; denn wie jede Mutter und jeder Vater weiß, kostet es unglaublich viel Kraft, Kinder großzuziehen. Manchmal ist es fast unmöglich, den nervlichen (und finanziellen) Anforderungen gewachsen zu sein, und da dient das Lachen als Ventil, um Dampf abzulassen.

Ich bin ein großer Fan der »Calvin und Hobbes«-Comics von Bill Watterson und erinnere mich an einige wunderbare Folgen, in denen es um die Kindererziehung geht. In einer passiert Folgendes: Calvins Mutter hat eine Rechnung vor sich und liest sie Calvins Vater vor: »Und die beauftragte Werkstatt sagt also, dass die Reparatur 200 Dollar kosten wird.«

Calvins Vater legt die Hand über seine Augen, als er sagt: »Oh, dieses dumme Kind.«

Im nächsten Bild versucht Calvins Mutter ihren Mann zu umarmen, der sehr steif dasteht und sich von ihr abwendet. Sie sagt: »Na ja, das gehört eben dazu, wenn man ein Kind hat, oder?«

Er antwortet nur: »Mhm.«

Mit einem leichten Lächeln auf dem Gesicht sagt die Mutter dann: »Es tut dir doch nicht Leid, dass wir Calvin bekommen haben, oder?«

Seine Augen sind fast ganz geschlossen, und er sagt: »Tut es dir denn Leid?«

Die Mutter verschränkt die Arme, schließt resigniert die Augen und sagt: »Ich habe zuerst gefragt ... und außerdem war es nicht nur *meine* Entscheidung.«

Der Vater greift, scheinbar völlig ernsthaft, die Diskussion auf und erwidert: »Soweit ich weiß, hatte *ich* vorgeschlagen, einen Dackel zu kaufen, aber nein, *du* hast gesagt ...«

Können Sie sich vorstellen, wie so ein Gespräch erst allmählich ins Absurde abrutscht und dann am Ende in schrilles Gelächter übergeht?

Ich kenne Ehepaare, denen regelmäßig lustige Dinge zustoßen, und viele von ihnen sind imstande, auch regelmäßig die Menschen ihrer Umgebung mit ihrem Humor anzustecken.

Der Humor Jesu Christi

Kein Buch über den Humor hat mich mehr überrascht als das gut fundierte, hoch interessante Buch von Elton Trueblood mit dem Titel *The Humor of Christ*. Trueblood vertritt überzeugend die Ansicht, Jesus habe in seinem Auftreten als Lehrer sehr oft Humor eingesetzt. Der Autor behauptet sogar, dass Jesu Humor entscheidend zu seiner Beliebtheit beigetragen habe:

> Die weit verbreitete Unfähigkeit, den Humor Christi zu erkennen und zu würdigen, ist eine höchst erstaunliche Eigenschaft des nach ihm benannten Zeitalters. Jeder, der die synoptischen Evangelien relativ unvoreingenommen liest, müsste eigentlich erkennen, dass Christus lachte und erwartete, dass auch andere lachen, aber wir besitzen die unglaubliche Fähigkeit, diese Seite seines Lebens zu übersehen. Weil wir so davon überzeugt sind, dass er immer todernst war, biegen wir uns seine Worte oft zurecht, damit sie in unser vorgefertigtes Raster passen. Eine fehlgeleitete Frömmigkeit hat die Angst in uns geweckt, es könnte

an Gotteslästerlichkeit oder Frevel grenzen, wenn wir wahrnehmen, wie schlagfertig und witzig er offensichtlich war. Religion, denken wir, ist etwas Ernsthaftes, und etwas Ernsthaftes lässt sich nicht mit Heiterkeit vereinbaren.[2]

Trueblood verweist dann auf zahlreiche Stellen, in denen man den Eindruck bekommt, Jesus habe es mit seinen Geschichten und Bildern darauf angelegt, seine Zuhörer zum Lächeln, wenn nicht gar zum Lachen zu bringen. Inzwischen ist mir klar, dass Jesus wusste, wie unglaublich bereichernd es ist, die Wahrheit aus einem anderen Blickwinkel zu sehen. Ironie und Satire setzte er ganz gekonnt ein, und oft deckte er mit seinem scharfen Verstand Lebenseinstellungen auf, die in die Sackgasse führen. Er zeigte den Weg zu den wahren Zielen im Leben, wie Zufriedenheit, Sinn, Recht und Gerechtigkeit, und er brachte die Menschen zum Lachen, während sie diese Ziele erkannten und sich darauf zubewegten.

Die heilende Kraft des Lachens

In den späten 70er Jahren veröffentlichte Norman Cousins sein Buch *Der Arzt in uns selbst*[3], in dem es um den Wendepunkt seines Lebens ging. Cousins war ziemlich bekannt in Amerika, weil er 25 Jahre lang die beliebte Zeitschrift »Saturday Review of Literature« herausgab. Darüber hinaus war er Autor von 15 hoch gelobten Büchern und hatte unzählige Male vor großem Publikum gesprochen.

In *Der Arzt in uns selbst* berichtete Cousins von der erstaunlichen Wirkung des Lachens in seinem Kampf gegen *Spondylitis ankylosans*, eine rheumatische Erkrankung des Bindegewebes. Im verzweifelten Versuch, sich von den Schmerzen einer schlimmen Entzündung des Rückgrats und der Gelenke abzulenken, fing er an, Kassetten zu hören und Filme anzuschauen, die ihn zum Lachen brachten. Er machte die Entdeckung, dass er zwei Stunden schmerzfrei schlafen konnte, wenn er zehn Minuten lang aus dem Bauch heraus gelacht hatte. Cousins' Annahme, dass das Lachen den Verlauf seiner Krankheit positiv beeinflusste, rief in medizinischen Kreisen eine enorme Resonanz hervor, und inzwischen gibt es etliche Untersuchungen, die seine Behauptung belegen.

Es besteht kein Zweifel, dass Lachen wesentlich zur körperlichen Gesundheit beiträgt. Wissenschaftler haben herausgefunden, dass Menschen, die gern lachen und die Gelegenheit dazu suchen, am besten mit Spannungen und Leiden umgehen können. Die heilenden Kräfte von Humor und Lachen sind inzwischen so allgemein anerkannt, dass sie weltweit in Krankenhäusern bei der Behandlung von Patienten eingesetzt werden.

Ich möchte das noch weiter ausdehnen: Ehepartner, die gern lachen, haben gute Chancen, jedes »Gebrechen« zu überwinden, das ihre Ehe beeinträchtigt. Das liegt daran, dass Humor vor allem eine Frage des Blickwinkels ist. Mir ist aufgefallen, dass manche Ehepaare es schaffen, ein Beziehungsproblem so zu betrachten, dass sie darüber lachen können, obwohl es ihnen zu schaffen macht. Wenn sie dann beschließen, sich auf ihre Heiterkeit zu konzentrieren, können sie manchmal erreichen, dass aus einem möglicherweise schmerzhaften Ehekrach ein Erlebnis wird, das sie zum Lachen bringt und ihren jeweiligen Gefühlen die Schärfe nimmt.

Ich hatte einmal ein Beratungsgespräch mit Jeff und Marianne, zwei Eheleuten, die mit einer einschneidenden Veränderung ihrer Rollen in der Ehe fertig werden mussten. Bei ihrer Hochzeit war Jeff ein erfolgreicher Geschäftsmann mit beträchtlichem Vermögen in Aktien gewesen. Bei einem dramatischen Einbruch der Börsenkurse hatte er jedoch fast alles verloren. Als sie in meine Praxis kamen, hatte Jeff zwar eine feste Arbeitsstelle, verdiente jedoch so gut wie nichts.

Mariannes Achtung vor Jeff beruhte im Wesentlichen auf seinem beruflichen Erfolg, der es ihm immer ermöglichte, großzügig und spendabel zu sein. Nun war das alles anders. Er trug weniger zum gemeinsamen Haushalt bei, als er verzehrte. Er konnte es sich nicht mehr leisten, große Geschenke zu machen; im Gegenteil, er wachte eifersüchtig über seine mageren Einkünfte. Was die Situation noch schwieriger machte, war, dass Marianne mit ihrem Gehalt nun praktisch für beide aufkommen musste. Er war deprimiert und sie war frustriert. Er kam sich vor wie ein Versager und sie hatte von seinem Selbstmitleid genug. In jedem Gespräch lauerte die Wut ganz dicht unter der Oberfläche.

Jeff und Marianne kämpften sich durch diese schwierige Phase – sie hätten auch leicht davon auseinander gerissen werden können. Obwohl sie materiell viel verloren hatten, bewahrten sie sich ihren Humor. Manchmal, wenn ich etwas ganz direkt und mit brutaler Ehrlichkeit zu Jeff sagen musste, fragte ich mich, ob er wütend reagieren oder sich verteidigen würde. Doch immer wenn sich eine starke Spannung aufgebaut hatte, war Jeff glücklicherweise in der Lage, einen anderen Blickwinkel einzunehmen und etwas Witziges zu sagen, was uns alle drei zum Lachen brachte.

Er hörte immer genau zu, was ich mit schonungsloser Ehrlichkeit vorbrachte, lehnte sich dann zurück, schloss die Augen, hob den Kopf und sagte etwas wie: »Du meine Güte! Das klingt, als hätte ich es wirklich darauf abgesehen, diese Ehe über meinem jämmerlichen Kopf zum Einsturz zu bringen! Auch eine Art, meine geschäftliche Niederlage zu bewältigen ... Wie blöd kann ich eigentlich noch werden?« Dann schnitt er eine absonderliche Grimasse, um zu betonen, wie lächerlich er sich verhalten hatte. Je mehr wir lachten, desto enger fühlten wir uns einander verbunden.

Manchmal setzte er sich im Spaß selbst herab, um einen angespannten Moment zu entschärfen. Er sagte zum Beispiel: »Menschenskind, jetzt sehe ich, wie viel ich immer herumkritisiert habe. Wenn ich zehn Pfennig für jedes Nörgeln an Marianne bekäme, hätten wir keine Geldsorgen mehr!« Oder: »Es haben mir ja einige Leute gesagt, dass ich einen schlechten Ehemann abgeben würde, aber ich hätte nicht gedacht, dass sie es wörtlich meinten.«

Mit dem Humor als Verbündetem fingen alle Kräfte in dieser Ehe an, sich zu verschieben. Seine Frau sagte oft Dinge wie: »Ach, Liebling, du warst wirklich stur, aber ich doch auch! Ich war so enttäuscht von dir und von uns. Ich habe dir sicher auch oft ganz schlimme Dinge an den Kopf geworfen.« Ein Schritt nach vorn auf dem Weg der Heilung.

Was den Humor ausmacht, ist der Blickwinkel, und was die Heilung ausmacht, ist der Humor. Wenn wir leichtherzig an die Dinge herangehen, lösen sich unsere Widerstände schneller auf, und wir werden frei, der Wahrheit ins Gesicht zu sehen. Alte Probleme aus einem neuen Blickwinkel anzugehen, bringt immer mehr Glück in unsere Ehe hinein.

Humor gehört zum Wesen des Menschen

Viele Paare kommen zu mir, die erst herausfinden möchten, ob sie einander heiraten wollen. Dabei spielt ein gemeinsamer Sinn für Humor normalerweise eine große Rolle. Für manche Menschen gehört er zu den vier oder fünf Eigenschaften, auf die sie am meisten Wert legen.

In einem meiner Bücher, *How to Know If Someone Is Worth Pursuing in Two Dates or Less,* ermutige ich Singles, sich die Zeit zu nehmen, möglichst viel über sich selbst herauszufinden. Auf dieser Grundlage fällt es ihnen leichter, eine Liste der zehn wichtigsten »Mindestanforderungen« anzufertigen, die ihnen auf der Suche nach einem Lebenspartner hilft. Fast jeder, der diese Übung mitmacht, erkennt, dass sein Ehepartner jemand sein sollte, der das Leben auch von der lustigen Seite sehen kann.

Vor kurzem las ich den Roman *Der Jüngling* von Dostojewski und stieß darin auf folgenden erhellenden Abschnitt:

> Wollen wir einen Menschen restlos durchschauen und sein Inneres kennen lernen, dürfen wir nicht studieren, wie er schweigt oder spricht oder weint oder auch, welch überaus edle Ideen ihn bewegen. Wir sollten ihn besser beobachten, wenn er lacht. Ist es ein gutes Lachen, heißt das, er ist ein guter Mensch. (...) Dafür verstehe ich aber immerhin, dass Lachen den zuverlässigsten Aufschluss über die Seele liefert. Man sehe sich einmal ein Kind an: Nur bei Kindern findet sich ein gutes Lachen in Vollendung – eben das macht sie so reizend. Ein (...) lachendes und heiteres

> [Kind] (...) ist ein Sonnenstrahl aus dem Paradies, eine Offenbarung aus der Zukunft, in welcher der Mensch endlich rein und einfältig sein wird wie die Kinder.[4]

Zwei verheiratete Menschen, die oft zusammen lachen, können eine negative Entwicklung, die ihre Ehe bedroht, beeinflussen und manchmal sogar beenden. Davon bin ich überzeugt. Wenn sie lachen, werden sie so einfach und offen wie kleine Kinder.

Wie können Sie mehr Humor in Ihre Ehe bringen?

Ich möchte Ihnen ein paar Vorschläge machen, wie Sie in Ihrer Ehe mehr lachen können. Sie mögen simpel anmuten, aber sie wirken.

Erstens, wenn Sie einen guten Witz hören, sollten Sie ihn aufschreiben oder schnell weitererzählen, damit Sie ihn nicht vergessen.

Mögen Sie Witze auch so gern wie ich? Ich kann es immer kaum erwarten, sie Marylyn weiterzuerzählen, wenn wir uns am Abend treffen.

Sie erzählt mir auch ab und zu einen Witz, und obwohl sie sich nicht für eine große Witze-Erzählerin hält, freut sie sich, wenn sie mich damit zum Lachen bringt.

Zweitens müssen Sie auf lustige Begebenheiten und Aussprüche achten, die Sie Ihrem Ehepartner mitteilen können. Eine unerschöpfliche Quelle ist schon allein die Tageszeitung. Hier ein paar Beispiele:

> Schaffen Sie es nicht mehr, morgens so aus dem Bett zu springen wie früher? Unser Gerät, das an Ihrem Wecker befestigt wird, ist die Weiterentwicklung eines elektrischen Viehtreibers, und kann ganz einfach mit Ihrer Bettfederung verbunden werden. Wir garantieren einen schnellen Start in den Tag. – Service für Frühaufsteher.

Auch über Folgendes mussten wir lachen:

> Ein Computerfehler hatte zur Folge, dass eine große Anzahl von elektrischen Drehstühlen produziert wurde, die sich mit rasender Geschwindigkeit ungefähr 150-mal in der Minute drehen, sobald das Körpergewicht auf die Sitzfläche trifft. Ein hervorragendes Schnäppchen für Leute, die schwindelfrei sind.

Drittens: Schauen Sie sich doch einmal gemeinsam einen lustigen Film oder eine alberne Talkshow an. Es gibt unzählige davon. Einer unserer Lieblingsfilme ist »Ein Fisch namens Wanda«. Wir amüsieren uns auch köstlich über die Inspektor-Clouseau-Filme oder Fernsehserien wie Ally McBeal. Oder besuchen Sie eine Kabarettveranstaltung von Hanns Dieter Hüsch.

Viertens: Schenken Sie sich gegenseitig ab und zu ein lustiges Buch. Uns gefällt zum Beispiel Erma Bombecks Humor in »Nur der Pudding hört mein Seufzen« sehr gut, oder die Satiren von Art Buchwald in »In den Pfeffermühlen«.

Und zu guter Letzt noch ein Rat: Wenn Sie und Ihr Partner zusammen beten, dürfen Sie Gott ruhig in Ihren ehelichen Humor mit einbeziehen. Als Marylyn und ich jünger waren, wäre es uns ungeheuerlich vorgekommen, beim Beten zu lachen, aber heute denken wir da anders. Unsere Haltung änderte sich, als ich Dekan einer psychologischen Fakultät war und wir Agnes Sanford begegneten. Diese unglaubliche Frau hat viele Bücher über das Gebet geschrieben[5], und zusammen mit ihrer ebenfalls unglaublichen Assistentin Edith Drury ging sie daran, Marylyn und mich das Beten zu lehren. Die zwei Frauen hatten eine ganz persönliche Beziehung zu Gott, die mit einem lebhaften Sinn für Humor in seiner Gegenwart einherging. Ihre Erkenntnisse über Gott und das Lachen haben unsere Ehe sehr bereichert. Wenn Marylyn und ich heute zusammen beten, kann es vorkommen, dass einer von uns sagt: »Gott, es war einfach köstlich heute, als die Enkelkinder hier waren und sie ...«, und plötzlich lachen wir beide wegen einer lustigen Begebenheit laut los.

Oder: »Danke, Gott, dass wir auch über uns selbst lachen können. Das war für mich heute wirklich wichtig, als ich ...« Und wieder brechen wir in Gelächter aus.

Ein Mann und seine Frau, die gern zusammen lachen, haben die besten Chancen, eine erfüllte Ehe zu führen. Dieser Rohstoff für den Aufbau einer Ehe ist für jeden Menschen jeden Tag frei zugänglich.

Wenn Sie Ihr gemeinsames Leben mit Lachen und Heiterkeit erfüllen, wird Ihre Beziehung regelmäßig neu aufgetankt.

Geben Sie Ihrer Ehe mit Optimismus neuen Auftrieb

Eine gesunde Dosis Optimismus macht eine Ehe stark und führt zu wesentlich größerer Zufriedenheit. Und noch eine gute Nachricht: Wenn Ihnen und Ihrem Partner diese wichtige Zutat im Moment fehlt, wird sie nicht schwer zu bekommen sein.

Innerhalb der letzten zehn Jahre haben zahlreiche Forschungsarbeiten gezeigt, was für Auswirkungen Optimismus auf das Leben von Einzelpersonen, auf Ehen und Familien, auf das Leben und Wirken von Firmen und Vereinen und auf die Gesellschaft als Ganzes haben kann. Diese Studien zeigen, dass es Optimisten im Beruf, in der Schule und anderswo besser ergeht als Pessimisten. Hoffnungsvolle, positive Menschen erreichen mit großer Wahrscheinlichkeit mehr Ziele, können mit Stress besser umgehen, überwinden Depressionen schneller, kämpfen wesentlich wirksamer gegen Krankheiten an und leben dadurch länger.

Wenn Sie und Ihr Schatz lernen, mit mehr Optimismus an Ihre Partnerschaft heranzugehen, wird Ihre Ehe mit Sicherheit bereichert, und das Risiko, dass die Ehe auseinander bricht und es zur Scheidung kommt, wird deutlich geringer. Die schwierigsten Herausforderungen in einer Ehe lassen sich ganz anders bewältigen, wenn ein gemeinsamer Optimismus Sie trägt.

Es ist eine Herausforderung, in schweren Zeiten optimistisch zu bleiben

In meiner beruflichen Laufbahn gab es einmal einen Punkt, an dem ich beschloss, meine Forschungen und meine klinische Praxis vermehrt dem Thema Tod und Sterben zu widmen. Eine ganze Menge Einzelpersonen und Ehepaare, die einen Verlust erfahren hatten, wurden zu mir geschickt, und ich traf zahlreiche Eltern, deren Kinder gestorben waren oder im Sterben lagen. Es ist klar, dass der Tod eines Kindes eine Ehe enorm belastet, und es ist nicht ungewöhnlich, dass die Partnerschaft unter diesem Druck zerbricht. Wenn es den Partnern nicht gelingt, miteinander zu reden und ihre Trauer gemeinsam zu verarbeiten, entfernen sie sich zwangsläufig emotional voneinander. Dann versuchen sie eher als Einzelpersonen und nicht so sehr als Paar mit ihrem Schmerz fertig zu werden. Ohne dass sie es merken, kann mitten in ihrem Kummer und ihrer Trauer die eheliche Verbundenheit ganz schnell verloren gehen. Das ist der Hauptgrund, warum viele Ehen nach einem familiären Unglücksfall mit der Scheidung enden.

Ob eine Ehe auseinander bricht oder nicht, hängt oft davon ab, wie optimistisch die Ehepartner sind. Es besteht eine gute Aussicht, dass die Ehe überleben und gedeihen wird, wenn sie die Hoffnung haben, dass sie sich gemeinsam von dem Schlag erholen und dadurch einander Kraft schöpfen können. Sehen sie ihre Chancen, wieder auf die Beine zu kommen – und dabei ein Paar zu bleiben – aber pessimistisch, sieht es schlecht für ihre Ehe aus.

Ken und Sarah verloren ihre beiden Kinder, acht und zehn Jahre alt, durch einen Autounfall. Ich erinnere mich noch gut daran, wie ich ihnen einen Tag später begegnete. Ich arbeitete monatelang mit ihnen, und es gab Zeiten, in denen Sarah nichts mehr an ihrem Mann und an ihrer Ehe lag. Sie glaubte kaum daran, dass sie diese schreckliche Traurigkeit gemeinsam durchstehen würden.

Bei unseren ersten Gesprächen sagte Sarah oft Dinge wie: »Seien wir doch ehrlich. Unsere ganze Beziehung beruhte darauf, die Kinder zusammen großzuziehen. Ohne *sie* gibt es auch für *uns* keine Zukunft.«

Ich hatte vorher schon viele Paare durch die Wüste der Trauer geleitet, und obwohl ich davon überzeugt war, dass Ken und Sarah es gemeinsam schaffen konnten, wusste ich doch, dass ihre Ehe an einem seidenen Faden hing. Ich wollte ihnen helfen, wieder an einem Strang zu ziehen und ein wenig Optimismus zu entwickeln, dass es ihnen gemeinsam gelingen würde, ihre Trauer zu bewältigen. Wenn sie versucht waren, die Hoffnung aufzugeben und sich ihrer Traurigkeit und Wut ganz zu überlassen, ermutigte ich sie, darauf zu vertrauen, dass sie mit der Zeit festen Boden unter den Füßen spüren würden, auf dem sie stehen konnten. Wenn Sarah davon sprach, dass sie aus der Ehe ausbrechen wollte, einer Ehe, die ihr ohne die Kinder quälend leer vorkam, versuchte ich, eine Übergangsbrücke zwischen ihnen aufzubauen, die sie benutzen konnten, bis sie sich in ihrer Partnerschaft wieder stärker eins fühlen würden.

Natürlich wünscht man sich, dass Optimismus im Lauf der Zeit entsteht, dass er aus Tausenden von Erfahrungen erwächst, in denen die Partner bewiesen haben, dass sie gemeinsam mit allem fertig werden können, was ihnen begegnet. Es wäre wünschenswert, wenn sie sich bis zu dem Moment, wo eine familiäre Tragödie über sie hereinbricht, eine so positive Einstellung zu ihrer Ehe angeeignet hätten, dass ihre Partnerschaft nicht erschüttert werden könnte. Aber manchmal müssen wir mitten in einer Krise einen gewissen Vorrat an Optimismus erzeugen.

Ich bin froh, sagen zu können, dass Ken und Sarah optimistisch genug blieben, um die schlimmsten Tage zu überstehen. Das wiederum gab ihnen die Zuversicht, auch die vielen fast genauso schlimmen Tage zu bewältigen. Im Laufe der Zeit wuchs ihr Optimismus, und sie stellten sich sämtlichen Herausforderungen, die mit der Tragödie verbunden waren. Schließlich überlegten sie, ob sie wieder Eltern werden sollten, und jetzt haben sie zwei weitere Kinder. Heute ist ihre Familie wieder stark und widerstandsfähig, und das Gleiche gilt auch für ihre Ehe.

Was an einer optimistischen Ehe so radikal anders ist

Wenn Ihre Ehe optimistischer wird, liegt das an Ihrem wachsenden Vertrauen, dass Sie es gemeinsam schaffen werden, zukünftige Herausforderungen im Einklang miteinander zu meistern. Nehmen wir einmal an, Sie haben drei Kinder, die alle gern studieren möchten und auch die entsprechenden Voraussetzungen mitbringen. Wenn Sie daran denken, was ein Studium heutzutage kostet, ist diese Vorstellung geradezu erschreckend. Aber im gleichen Maß, wie Sie und Ihr Partner Optimismus besitzen, sind Sie sich auch sicher, für die bevorstehenden finanziellen Forderungen aufkommen zu können. Wenn Sie die Zuversicht haben, dass das Geld schon irgendwie zusammenkommen wird, werden Sie wahrscheinlich auf eine Art an die Sache herangehen, mit der Sie gute Aussichten auf Erfolg haben.

Ähnlich ist es zum Beispiel auch, wenn für Sie und Ihre Kinder die Teenagerjahre näher rücken. Vom Grad Ihres ehelichen Optimismus hängt es ab, wie überzeugt Sie davon sind, dass es Ihnen gemeinsam gelingen wird, den zukünftigen Teenagern gute Eltern zu sein.

Und wenn Sie und Ihr Partner aufs Rentenalter zugehen, besteht ein Zusammenhang zwischen Ihrem Optimismus und Ihrem Vertrauen, mit den Schwierigkeiten des Alters zurechtzukommen, selbst wenn es sich um körperlichen oder geistigen Verfall handeln sollte.

Das Entscheidende ist: Je optimistischer Sie als Ehepaar sind, desto besser kommen Sie zurecht, wenn es schwierig wird. Je optimistischer Sie sind, desto entspannter und friedlicher wird Ihre Ehe außerdem sein, bevor überhaupt Probleme auftauchen.

Während Optimismus dazu führt, dass man im Leben etwas erreicht, bewirkt Pessimismus genau das Gegenteil. Und während Optimismus normalerweise Ruhe und Zuversicht zur Folge hat, ist Pessimismus sowohl eine Ursache als auch eine Begleiterscheinung von Zweifeln und Depressionen.

Optimismus kann ansteckend wirken

Christine und Michael kamen das erste Mal zu einem Beratungsgespräch zu mir, bevor sie heirateten. Er war 30 und sie 24. Beide kamen aus Scheidungsfamilien, und sie wollten sorgfältig über ihren Heiratsentschluss nachdenken.

Ich merkte sofort, dass Christine kämpfen musste, um Michael bei der Stange zu halten. Jedes Mal wenn sie auf ein neues Problem stießen, bekam er kalte Füße und versuchte sich aus dem Staub zu machen. Christine hörte seine Zweifel und Befürchtungen aufmerksam an und nannte dann einige Argumente, warum sie trotzdem heiraten sollten.

Michael war für ihre Ansichten offen, aber er hatte sich fest vorgenommen, dass ihm nicht dasselbe passieren würde wie seinen Eltern. Für ihn und seine Geschwister war es damals sehr schlimm gewesen. Christine wollte ihn davon überzeugen, dass es für sie beide eine gute Ehe werden könnte, und er versuchte über das nachzudenken, was sie vorbrachte. Aber Michaels chronischer Pessimismus veranlasste ihn, immer nur ihre Schwachpunkte als Paar zu sehen und gleichzeitig ihre Stärken gering zu achten. Für ihn war es wichtiger, ein Scheitern zu vermeiden, als für eine funktionierende Partnerschaft etwas aufs Spiel zu setzen.

Christine dagegen sah Probleme eher als Herausforderung an, und weil sie vor allem die Stärken im Blick hatte, die sie als Paar besaßen, war sie davon überzeugt, dass sie sämtliche Probleme bewältigen konnten. Sie betonte die positiven Seiten und die Möglichkeiten ihrer Partnerschaft, während Michael vor allem von seinen Ängsten und Sorgen beherrscht wurde.

»Michael, wir haben etliche Tests gemacht, und bei allen kam heraus, dass wir gut zusammenpassen«, sagte Christine zum Beispiel. »Und viele Bereiche haben wir schon mit einem Therapeuten durchgesprochen. Wir verstehen uns wunderbar, und es gibt keinen Grund zu glauben, das könnte sich nach der Hochzeit ändern.«

»Ja, aber man weiß eben vorher nicht genau, wie es nachher in der Ehe sein wird«, protestierte Michael dann zwangsläufig. »Tests, Beratungsgespräche – das ist alles schön und gut, aber ich bin sicher, dass unsere Eltern auch glaubten, sie würden gut zusammenpassen, als *sie* damals heirateten. Und überhaupt denken doch bestimmt alle Paare die heiraten wollen, dass sie die große Ausnahme sind und für immer zusammenbleiben.«

Obwohl Michael so in die Bremse trat, heirateten sie am Ende doch, und innerhalb der ersten acht Ehejahre traf ich sie ab und zu. Als sie das letzte Mal zu mir kamen, standen sie kurz vor einem Umzug nach New York, wo Michael eine verantwortliche Position in einem großen Verlagshaus angenommen hatte. Ich vermutete, er würde sich wegen der neuen Stelle, dem gewaltigen Umzug und allem anderen fast zu Tode ängstigen.

»Wie geht es Ihnen denn mit dem Umzug, Michael?«, fragte ich ihn. »Sind Sie nervös? Haben Sie Angst?«

»Eigentlich nicht«, sagte er. »Für mich ist das eher ein Abenteuer. Wir waren schon öfter in New York, und uns gefällt das Leben dort. Immer ist was los. Außerdem können wir auf jeden Fall hierher zurückkommen, wenn es nichts wird.«

Christine saß neben ihm und war ganz zufrieden, ihm das Reden zu überlassen. Mir fiel auf, dass sie nicht wie sonst Zwischenbemerkungen machte und ihn ermunterte.

»Und was ist mit Ihrer neuen Stelle?«, fragte ich ihn. »Es hört sich an, als wäre das wirklich ein großer Schritt nach oben für Sie.«

»O ja, das wird eine Herausforderung, aber inzwischen gefällt mir so etwas. Es macht irgendwie Spaß, sich in Situationen zu begeben, in denen man gezwungen ist, sich weiterzuentwickeln.«

Ich war so verblüfft über Michaels plötzlichen Optimismus, dass ich ihn nach seiner Ehe fragen musste. »Erzählen Sie mir ein bisschen, wie es Ihnen und Christine geht. Wissen Sie noch, wie viele Bedenken Sie hatten, als es ums Heiraten ging? Wie stehen Sie jetzt dazu?«

»Ich finde, wir machen die Sache großartig«, antwortete er ohne zu zögern. »Und im Rückblick kommt es mir ein bisschen albern vor, wie eifrig ich versuchte, uns die Heiratspläne auszureden. Wahrscheinlich ist es klug, vorsichtig zu sein, aber für alle außer mir war es offensichtlich, dass Christine und ich genau die Richtigen füreinander waren.« Ich bemerkte ein Grinsen auf Christines Gesicht, als Michael fortfuhr: »Natürlich hatten wir im Lauf der Jahre unsere Auseinandersetzungen, so wie jedes Paar, aber es ließ sich immer eine Lösung finden. Unsere Beziehung wird ständig besser.«

Was war mit diesem eingefleischten Pessimisten passiert? Ich fand es absolut faszinierend, dass er mit Leib und Seele zum Optimisten geworden war.

Warum wurde aus Michael ein Optimist?

Um der Sache auf den Grund zu gehen, warum Michael innerhalb von acht Ehejahren mit Christine so viel optimistischer wurde, müssen wir mit Definitionen anfangen. Laut Wörterbuch ist ein Optimist ein Mensch, der »dazu neigt, Handlungen und Ereignisse in möglichst günstigem Licht zu sehen oder einen bestmöglichen Ausgang anzunehmen«. Ein Pessimist dagegen »neigt dazu, ungünstige Aspekte, Bedingungen oder Möglichkeiten hervorzuheben oder den schlimmstmöglichen Ausgang zu erwarten«. In beiden Fällen wird der Versuch gemacht, eine zukünftige Entwicklung möglichst genau einzuschätzen. Für den optimistischen Menschen zählen vor allem die Faktoren, die eine positive Vorhersage erlauben. Im Gegensatz dazu stützt sich der Pessimist vor allem auf die negativen Gegebenheiten, und infolgedessen muss auch seine Prognose negativ ausfallen.

Von der Intelligenz her bewegten sich Michael und Christine auf derselben Ebene. Wenn etwas zu entscheiden war, trafen sie meistens gute Entscheidungen. Beide versuchten, ihre Vorhersagen auf vorliegende Tatsachen zu gründen. Aber es zeigte sich mit der Zeit, dass Christine mit ihrem optimistischen Blick mehr Einfluss bekam, weil ihre Prognosen oft besser zutrafen.

Der Grund dafür hängt mit der enormen Leistungsfähigkeit jedes Menschen zusammen, durch einen hoch motivierten Einsatz eine Entwicklung zu einem positiven Ergebnis zu führen. Die Leistung, die ein Mensch erbringt, wird zumindest teilweise von seiner Erwartung bestimmt, was am Ende dabei herauskommt. Da der Optimist einen positiven Ausgang vorhersieht, wird er in der Regel einen entsprechend großen Einsatz zeigen, während die negative Prognose des Pessimisten wahrscheinlich dazu führt, dass er sich nicht besonders bemüht.

Wir dürfen nicht denken, der Pessimist sabotiere einen Vorgang, um zu beweisen, dass seine Annahme über das Ergebnis zutreffend war. Aber man kann schon davon ausgehen, dass für ihn wenig Motivation besteht, sich besonders anzustrengen. Er bleibt mit seinem Einsatz ziemlich sicher weit unter seiner Höchstleistung. Weil er kein positives Ergebnis erwartet, gibt es für ihn keinen Grund, es anzustreben. Ein Optimist, der einen positiven Ausgang vorhergesagt hat, fühlt sich dadurch auch veranlasst, eine Leistung zu erbringen, die dem erwarteten Ergebnis entspricht.

Und hier ist mein Fazit: Ein Mensch fühlt sich dann am meisten mit sich selbst im Einklang, wenn er sein Bestes gibt. Eine positive Vorhersage über das Ergebnis seiner Anstrengungen kann ihn also zu Höchstleistungen bringen und ihm *gleichzeitig* ein gutes Lebensgefühl geben. Es wurde mir klar, dass Michael dieses Prinzip mit der Zeit an Christine wahrgenommen hatte. Ihr Engagement und die Ergebnisse, die sie ständig damit erzielte, waren so überzeugend, dass er sich davon anstecken ließ und Optimist wurde.

Der beste Optimismus ist realitätsnah

Das Geheimnis eines gelungenen Lebens ist ein gutes Urteilsvermögen. In meinem Buch *Liebe dein Leben und werde zufrieden*[6] sprach ich davon, dass man dauerhafte Zufriedenheit nur dann erfahren kann, wenn man den Mut hat, ganz und gar man selbst zu sein. Dieses wahre Ich entdeckt man, wenn man seine Lebensentscheidungen immer wieder sorgfältig und auf einer guten Grundlage trifft.

Nun habe ich behauptet, dass Optimismus zu mehr Gesundheit, höherer Leistung, besseren Ehen und einer höheren Lebensqualität führt. Ich möchte aber ganz deutlich sagen, dass es nur dann einen Wert hat, Optimist zu sein, wenn der Optimismus auf einem guten Urteilsvermögen aufbaut. Ein Optimismus der mit unrealistischen Erwartungen einhergeht, kann bei Einzelnen und in Ehen nicht wieder gutzumachende Schäden verursachen.

Entscheidend ist, dass man sich auf die zuverlässigsten Daten stützt, die man über die Vergangenheit und Gegenwart besitzt, wenn man etwas über die Zukunft aussagen will. Man nimmt bei seiner Vorhersage auch an, dass man selbst vollen Einsatz bringt, denn am Ende hängt die eigene Zufriedenheit davon ab, ob man motiviert war, sein Bestes zu geben.

Es muss aber klar sein, dass jeder gesunde Optimist alle wichtigen Tatsachen sorgfältig berücksichtigt und dass seine Erwartungen auf dieser festen Grundlage beruhen. Wenn sein Optimismus eher ein Wunschdenken ist, das jeder Vernunft widerspricht, wird er zwangsläufig enttäuscht und desillusioniert. Es geht keine Anziehungskraft von einem Menschen aus, dessen Einschätzung zukünftiger Ergebnisse ständig rosarot und fern alles Machbaren ist.

Die anziehendsten Menschen der Welt sind nachdenkliche Optimisten, die einen positiven Ausgang erwarten, weil sie mit einer hohen Leistung rechnen – einer Leistung, die sich auf Grund der Tatsachen und bisheriger Ereignisse gut abschätzen lässt.

Warum werden manche Menschen Optimisten und andere Pessimisten?

Es gibt beachtliches Beweismaterial aus Forschungen, das darauf hindeutet, dass Optimismus und Pessimismus im Wesentlichen zwei Ursachen haben. Die erste hat mit Erfahrungen aus der frühen Kindheit zu tun. Kinder, die Nöte und Unglück erleiden – schwere Krankheiten, Scheidung, Gewalt, Missbrauch –, sind sehr anfällig für ein pessimistisches Denken. Kinder dagegen, die von ihren Eltern ermutigt und unterstützt werden, Zusammenhalt in der Familie erleben und merken, dass sie etwas erreichen können, haben in der Regel eine optimistische Einstellung.

Die zweite Ursache für Optimismus ist etwas, was verschiedentlich als *elterlicher Erklärungsstil* bezeichnet wurde. Die Psychologin Judy Garber von der Vanderbilt-Universität fand durch eine Studie heraus, dass Jugendliche oft die gleiche Lebenseinstellung haben wie ihre Mutter. Sie übernehmen die Art ihrer Mutter Ereignisse einzuschätzen, und neigen dazu, ähnlich optimistisch oder pessimistisch zu sein.

Wenn Kindern vermittelt wurde, dass ihre Rückschläge und Niederlagen auf einen charakterlichen Mangel zurückzuführen sind, sehen sie ihre Chancen auf zukünftige Erfolge natürlich pessimistisch. Auf der anderen Seite beweisen klinische Untersuchungen, dass die Einstellung eines Jugendlichen immer optimistischer wird, wenn er daran glaubt, dass er etwas erreichen kann und imstande ist, seine Leistungen zu steigern.

Darum ist es sehr wichtig, allen Kindern und Jugendlichen zu einer positiven Einschätzung ihrer Fähigkeiten zu verhelfen. Es schadet Kindern einfach, wenn ein Elternteil oder eine andere Autoritätsperson sein Verhalten nur durch negative Aussagen, Kritik und Beschuldigungen zu beeinflussen versucht. Wenn Kinder oder Jugendliche erst einmal anfangen zu glauben, ihre Person und ihre Fähigkeiten seien minderwertig, werden sie allmählich auch zu Pessimisten, was ihren Lebenserfolg betrifft.

Wenn man Erfolg – oder Misserfolg – erwartet, wird er wahrscheinlich eintreten

Seit mehr als drei Jahrzehnten liegen Forschungsarbeiten vor, die einen engen Zusammenhang zwischen der Erwartung, wie etwas ausgehen wird, und dem tatsächlichen Ausgang aufzeigen. Das gilt vor allem für Ereignisse, in denen die Person, die die Vorhersage trifft, direkt beteiligt ist.

Robert Rosenthal von der Harvard-Universität führte in den frühen 60er Jahren eine faszinierende Studie über Erwartungen durch. Forschern wurde erzählt, bestimmte Ratten würden es schneller lernen, sich in einem Labyrinth zurechtzufinden, weil sie entsprechend gezüchtet worden wären. Andere Ratten würden länger brauchen, weil sie diese Voraussetzungen nicht mitbrächten. Die »schlauen« Ratten erbrachten tatsächlich eine höhere Leistung als die anderen, obwohl sämtliche Tiere willkürlich aus einer Gruppe gewöhnlicher Ratten ausgewählt worden waren. Die Erwartungen der Forscher hatten die Lerngeschwindigkeit der Ratten in hohem Maß beeinflusst.

Im menschlichen Bereich ist mehrfach gezeigt worden, dass Patienten in der Psychotherapie größere Fortschritte machen, wenn der Therapeut von Anfang an daran glaubt, dass es so sein wird. Meine Kollegen und ich haben durch Forschungen herausgefunden, auf welche Art die Erwartungen von Therapeuten beeinflusst werden können und wie dadurch ihre Patienten viel schneller vorwärts kommen und erfolgreicher behandelt werden können.

Was wir erwarten, hat große Auswirkungen auf das Endergebnis, das Gegenstand unserer Erwartungen ist. Das gilt auch dann, wenn unsere Erwartungen mit dem Verhalten eines anderen verknüpft sind. Es scheint in der Ehe also von großer Bedeutung zu sein, dass wir unsere Erwartungen so positiv wie möglich halten – dass wir eingefleischte Optimisten werden, wenn es in irgendeiner Form um uns, unseren Partner oder unser gemeinsames Leben geht.

Es überrascht nicht, dass Forschungen auch gezeigt haben, dass eine pessimistische Einstellung oft zum Misserfolg führt. Bereits im Jahre 1965 führte Martin E. P. Seligman, einer der führenden Psychologen Amerikas, Forschungen über die so genannte *erlernte Hilflosigkeit* durch. In Versuchen mit Hunden gelang es ihm zu zeigen, dass die Tiere, die »überzeugt« waren, ihre hilflose Lage durch nichts verändern zu können, auch keinen Versuch mehr dazu unternahmen und entmutigt und niedergeschlagen zu sein schienen.[7]

Seligman arbeitete ständig daran, diese Studien im Lauf der Zeit zu verbessern. Er kam zu der Überzeugung, dass dieser Zustand der an sich selbst wahrgenommenen Hilflosigkeit, bei Menschen eine Vorstufe der Depression ist. Der depressive Zustand mündet in allgemeine Teilnahmslosigkeit, und unter bestimmten Bedingungen bleibt der Versuch, die Erwartung ins Gegenteil zu verkehren, aussichtslos. Seligman sah einen Zusammenhang zwischen diesem Zustand der erlernten Hilflosigkeit und einer pessimistischen Einstellung.

Pessimismus in der Ehe

Eine Ehe mit einem ständig pessimistischen Ehepartner ist wie die Fahrt auf einem Fahrrad mit plattem Reifen. Wie eine pessimistische Einstellung auf eine latente Depression hinweist, deutet Pessimismus in einer Partnerschaft auf eine Krise. Keine Ehe kann glücklich sein, wenn ein Partner depressiv ist. Ich sage oft: »Um die Gesundheit einer Ehe kann es nie besser bestellt sein als um die emotionale Gesundheit des gesundheitlich schwächeren Partners.« Depressionen stellen ein großes Gesundheitsproblem in unserer Gesellschaft dar, und darum bedrohen sie auch jede Ehe. Man sollte am besten etwas dagegen unternehmen, bevor die pessimistische Einstellung eines Menschen so zur Gewohnheit wird, dass sie sämtlichen Behandlungsmethoden widersteht.

Vergessen Sie nicht, was Pessimismus ist – eine Neigung, »ungünstige Aspekte ... hervorzuheben oder den schlimmstmöglichen Ausgang zu erwarten«. Wenn Sie mit einem Menschen zusammenleben, der ständig pessimistisch ist, treibt das Ihre Ehe immer mehr in die Enge. Einer von Ihnen wird jeder Idee einen Dämpfer aufsetzen. Und der andere, der diese Dämpfer nicht leiden kann, wird zunehmend unruhig und ärgerlich.

Ich kenne ein Ehepaar, Max und Sheila, die 20 Jahre lang als unerschütterliche Pessimistin und überzeugter Optimist zusammenlebten. Sheila war von Grund auf konservativ, in jeder Hinsicht vorsichtig, und sie stand praktisch allem ablehnend gegenüber. »Das können wir unmöglich machen!« und »Daraus wird nie etwas!« waren ihre Lieblingssätze. Max war ein risikofreudiger Draufgänger, dessen Pläne und Träume oft eher phantastisch als realistisch waren.

Wie kamen diese beiden gegensätzlichen Menschen überhaupt zusammen? Es war ein Paradefall der Kompensation, das heißt, sie heirateten einander, um persönliche Mängel auszugleichen. Sheila heiratete einen Optimisten, weil sie von ihrer chronisch negativen Lebenseinstellung frei werden wollte. Max heiratete eine Pessimistin, weil er Hilfe brauchte, um seinen übertriebenen Optimismus im Zaum zu halten. Sein unvernünftiger und unlogischer Optimismus führte oft zu riskantem Verhalten. Er war viel zu sehr davon überzeugt, dass sein Verhalten ein positives Ergebnis bewirken würde. Er erreichte oft das Ziel nicht, das er sich gesetzt hatte, und das hatte schwer wiegende Konflikte in ihrer Beziehung zur Folge.

Mit der Zeit jagte Max' Optimismus Sheila solche Angst ein, dass sie noch pessimistischer und vorsichtiger wurde. Wie Sie sich vorstellen können, verärgerte es Max immer mehr, dass seine Frau ihn zurückhielt und ihn nicht zum Zug kommen ließ. Schließlich ertrug er es nicht mehr, sich von ihr in eine Zwangsjacke stecken zu lassen und fing an, wie ein Mann zu leben, der nach langer Haft aus dem Gefängnis entlassen wurde (was der Wahrheit wahrscheinlich sehr nahe kam). Das Problem war, dass sein Verhalten impulsiv und sprunghaft wurde. Er ging allerlei extremen Sportarten nach – Fallschirmspringen, Bungee-Jumping, Drachenfliegen von hohen Felswänden herunter. Er investierte ihr Geld in Unternehmen mit hohem Risiko. Er beteiligte sich an Auslandsgeschäften.

Ihre Ehe stand kurz vor dem Zusammenbruch, als Max und Sheila bewusst wurde, dass sie durch ihre so grundverschiedenen Sichtweisen immer weiter auseinander gerissen wurden. Mit der Unterstützung eines Therapeuten und hilfreicher Freunde versuchten sich Max und Sheila von den Extrempositionen auf eine gemeinsame Mitte zuzubewegen – sie übte es ein, in jeder Situation einen positiven Ausgang zu erwarten, und er fing an, in seinem Denken praktischer und realistischer zu werden. Es war alles andere als leicht! Diese Denkmuster saßen so tief, dass es viele Monate dauerte und es etliche Rückschläge gab, bevor sie ein gewisses Gleichgewicht erreichten.

Nach einiger Zeit konnten Max und Sheila ihre vorherige Gegensätzlichkeit aber als Vorteil ansehen. Wenn sie vor eine besondere Herausforderung oder Chance gestellt waren, sagten sie jetzt zueinander: »Du kannst dir wahrscheinlich denken, wie ich die Sache sehe, aber was meinst *du* dazu?« Sie lernten, die Ansicht des jeweils anderen zu schätzen. Ihre Ehe entwickelte sich bestens, und sie kamen in ihrem Leben deutlich voran.

Wie wird man ein Optimist?

Wenn Sie oder Ihr Partner unbedingt optimistischer werden wollen, sind Sie schon auf dem besten Weg dazu. Die Entscheidung, mehr Optimismus anzustreben, liegt ganz in *Ihrer* Hand. Das ist eine bemerkenswerte Tatsache. Wenn Sie beschließen, optimistischer zu werden, dann können Sie es auch. Es muss sich vielleicht in Ihrem Denken manches ändern, aber Sie können diese Veränderungen bewirken, wenn Sie sich dafür entscheiden.

Schließlich ist Optimismus – oder Pessimismus – *Ihre* Lebenseinstellung. Er dient im Wesentlichen als Hilfe für Sie, eine bestimmte Haltung zu kommenden Ereignissen einzunehmen, die Ihnen die größte Erfolgschance verspricht. Wie Sie *Erfolg* definieren, hängt von Ihren Werten ab, und bis zu einem gewissen Grad entstammen diese Werte Ihrer Lebenserfahrung. Selbst Ihre Werte können überarbeitet werden, wenn Sie den entsprechenden Entschluss fassen.

Ich möchte Ihnen sagen, womit meiner Meinung nach alles anfängt. Wenn Sie zu einer optimistischen Lebenseinstellung kommen möchten, brauchen Sie zuerst einmal ein riesengroßes Sicherheitsnetz. Sie müssen die Gewissheit haben, ein paar Fehler machen zu können, ohne völlig zu scheitern. Mit der richtigen Lebensgrundlage können Sie durch Ihre Fehler niemals untragbar oder wertlos werden, sondern bleiben trotzdem ein unendlich wertvoller Mensch. Ohne dieses tragende Netz kann Ihre Angst solche Ausmaße annehmen, dass Sie sich vor allen Eventualitäten schützen, sich von allen Seiten absichern, ständig in höchster Vorsicht leben und es auf ein Null zu Null-Unentschieden im Spiel des Lebens anlegen.

Pessimismus spiegelt die Überzeugung und Entschlossenheit wider, Versagen zu vermeiden. Ich kenne tatsächlich viele Menschen, die niemals versagt haben. Sie gehen ohne jede Niederlage durchs Leben! Aber sie haben auch niemals Erfolge. Ihr Pessimismus bietet ihnen vollkommenen Schutz vor dem Versagen, aber ihr Mangel an Optimismus versperrt ihnen den Weg zu einem erfüllten Leben.

Was ist das für ein Sicherheitsnetz, von dem ich spreche? Für mich ist das eine geistliche Sache und hat mit der Gewissheit zu tun, dass meine Beziehung zu Gott stimmt. Für mich ist Gott der Mensch Jesus, der jüdische Zimmermann. Seine Botschaft enthält all die Eigenschaften, die ich an Gott und Menschen bewundere: Liebe, Vergebung, Ermutigung und Hoffnung. Wenn ich eine lebendige Beziehung zu Jesus habe, dann fühle ich mich zutiefst geborgen und sicher – jetzt und für alle Ewigkeit. Ich weiß, dass ich persönlich geliebt bin, dass mir vergeben ist, dass Ermutigung da ist und dass ich Hoffnung haben darf. Ich habe ein Sicherheitsnetz und eine Perspektive für mein Leben. Mein Optimismus hat ein Ziel.

Gesunder Optimismus bringt mich also dazu, zukünftige Handlungen und Ereignisse in möglichst günstigem Licht zu sehen und einen bestmöglichen Ausgang anzunehmen. Ich möchte Voraussagen machen, die davon ausgehen, dass ich mein Bestes gebe. Ich möchte gefordert sein, meine gesamte Kraft einzusetzen. Wenn meine Voraussagen stimmen, dann schöpfe ich mein Leben voll aus. Ich erreiche meine Ziele und, was genauso wichtig ist, ich erlebe, wie aufregend es ist, vollen Einsatz zu bringen. Und wenn ich einmal daneben liege, fängt Gott mich auf – genauso wie er sich freut, wenn mir mein Leben gelingt.

Was haben Sicherheitsnetze mit der Ehe zu tun?

Marylyn und ich teilen den gleichen Glauben an Jesus Christus. Darum ist unsere Einschätzung, wie bestimmte Entwicklungen in unserer Ehe ausgehen werden, immer von Mut und Optimismus geprägt.

Wenn wir uns zum Beispiel darüber unterhalten, wie unsere Ziele für die Zukunft aussehen, wie viel Geld wir für Menschen spenden, die weniger gut dastehen, oder welche Freundschaften wir pflegen wollen, dann treffen wir gemeinsame Entscheidungen, die von Glauben und Optimismus gekennzeichnet sind.

Ich erinnere mich an einen Augenblick, der besonders wegweisend war. Es ist Jahre her, da standen wir vor der Entscheidung, ob wir ein bestimmtes Haus kaufen sollten. Wir wussten nicht, ob wir es uns leisten konnten. In meiner zwanghaften Art stellte ich Tabellen jeder Art auf. Ich fertigte lange Pro- und Kontralisten an. Ich suchte bei allen klugen Leuten Rat, die wir kannten. Wir befassten uns eingehend mit sämtlichen Problemen, die mit diesem Hauskauf verbunden waren. Ich neigte zu einer ablehnenden Entscheidung, denn der Kauf würde uns finanziell so belasten, dass wir in Zukunft sehr sparsam mit unserem Geld würden umgehen müssen.

Aber dann machte Marylyn eine eindrucksvolle, schwer wiegende Beobachtung: »Bis jetzt ist unser Einkommen jedes Jahr gestiegen, und es ist wahrscheinlich, dass es so weitergeht. Weil wir uns das Haus leisten können, selbst wenn unser Einkommen gleich bleibt, und weil anzunehmen ist, dass wir in Zukunft noch mehr Geld verdienen, bin ich der Meinung, wir sollten den Kauf wagen.«

Das taten wir, und im Rückblick hatte sie absolut Recht. Wir freuten uns schließlich sehr an dem Haus, und es erwies sich als gute Investition.

Marylyns Optimismus war immer wieder ein Gewinn für uns. Ich will nicht sagen, dass der Optimist immer Recht hat. Aber ich bin zu der Überzeugung gelangt, dass man in einer Problem- oder Entscheidungssituation immer versuchen sollte, sich eine optimistische Einstellung zu Eigen zu machen.

Der Sinn des Lebens und die Rolle des Optimismus

Wenn zwei Menschen von ihrem zwanghaften Bedürfnis Fehlschläge zu vermeiden, frei werden, und wenn sie bei ihren Prognosen für die Zukunft davon ausgehen, dass sie ihr Bestes geben, dann sind alle Voraussetzungen erfüllt, um die höchste Lebensqualität zu erfahren, die für Menschen möglich ist.

Vergessen Sie nicht, dass Optimismus immer auf einer sorgfältigen Einschätzung beruhen muss, welcher Einsatz von Ihnen gefordert wird. Mit Ihrem Optimismus dürfen Sie sich niemals von reinen Phantasien oder Wunschvorstellungen leiten lassen. Sie brauchen vernünftige und sorgfältige Überlegungen als Grundlage.

Wenn Sie sich daran halten, wird Ihre Ehe mit Hoffnung und Zuversicht aufgeladen. Wenn Sie Ihren richtigen Platz auf der Linie zwischen Optimismus und Pessimismus finden, werden Sie vollen Einsatz bringen müssen, um Ihr Ziel zu erreichen. Aber nichts auf der Welt sollte Sie davon abhalten können, von ihrem ehelichen Miteinander nur das Beste zu erwarten, in Ihrer Ehe das Beste zu geben und eine Beziehung zu genießen, die Sie bis ins tiefste Innere erfüllt.

Beleben Sie Ihre Ehe mit Augenblicken der Inspiration

An einem Sommernachmittag vor einigen Jahren sahen Marylyn und ich den Film *Vater der Braut*, der in der Nähe unseres Heimatortes Pasadena in Kalifornien verfilmt worden ist. Vielleicht kennen Sie die Geschichte: Ein Vater und eine Mutter machen die schmerzhafte Erfahrung durch, dass sich ihr »kleines Mädchen« verliebt und sie ziemlich schnell die Hochzeit vorbereiten müssen. Der Film thematisiert das Vergehen der Zeit, das Älterwerden der Kinder und Eltern, und er zeigt, was für eine große seelische Herausforderung es für Eltern bedeutet, wenn sie einsehen müssen, dass ihr Kind erwachsen geworden ist, seine Unabhängigkeit fordert und das elterliche Nest verlässt.

Es fiel mir auf schmerzliche Weise leicht, mich mit dem Vater in diesem Film zu identifizieren. Mit drei eigenen Töchtern, die wir seit ihrer Geburt liebevoll umsorgt haben, konnte ich mich nicht gegen die Rührung wehren, die der Film in mir auslöste.

Der Vater im Film wird von Steve Martin dargestellt, und sobald er erfährt, dass seine Tochter sich in »diesen anderen Mann« verliebt hat, geht er in Verteidigungsstellung. Weil er seine Tochter zu verlieren droht, kann er sie nicht bewusst als Erwachsene wahrnehmen. Wenn er ihr am Tisch gegenüber sitzt oder sie beim Basketballspielen beobachtet, sieht er sie immer als sieben- oder achtjähriges Mädchen. Er leidet natürlich an seinem unbewussten Bedürfnis, sie klein zu halten – damit sie sicher und für immer »unter dem Schatten seiner Flügel« bleibt. Er wird nicht gern daran erinnert, dass sie erwachsen geworden ist. Er ist gezwungen, sich dem Besorgnis erregenden, immer währenden Problem der unerbittlich verrinnenden Zeit zu stellen.

Ich schaute gebannt zu, wie Martin sich durch seinen ganzen Kummer hindurchquälte, und wurde von einer mächtigen Gefühlswelle nach der anderen überrollt. Plötzlich kam mir der Gedanke, dass es nicht lang her war – nur ein paar Wochen, oder etwa nicht? –, dass unsere Mädchen jung und leicht zu beeindrucken waren und glücklich mit ihren Barbies spielten. Es war vielleicht ein paar Tage her, dass sie am Spielfeldrand ihre Schulmannschaften anfeuerten, und ich bin sicher, es war erst gestern, dass wir eine nach der anderen zur Uni brachten. In Wirklichkeit sind sie gar keine »Mädchen« mehr. Sie sind Mütter mit eigenen kleinen Kindern. »Wie konnten die Jahre so schnell vergehen?«, fragte ich mich.

Der Film forderte mich auf, die altbekannte Wahrheit von neuem zu begreifen: Alles, was wir mit den Menschen die wir lieben, zusammen erleben, ist der schnell verrinnenden Zeit unterworfen.

Dieses grundlegende Prinzip ist nicht *zwangsläufig* mit Trauer verbunden, aber um uns mit der Vergänglichkeit zu versöhnen, müssen wir ständig wach bleiben, hochkonzentriert und in jedem Moment mit unserem Verstand so anwesend wie möglich. Das einzig wirksame Mittel gegen den Verlust der Zeit ist, sie jetzt, während wir sie haben, ganz mit Leben und Erfahrungen auszufüllen.

In *jenem* Augenblick erwachte ein deutlicheres Bewusstsein in mir, wie wichtig *jeder einzelne* Augenblick ist, und eine ungeahnte Leidenschaft überfiel mich, jeden Augenblick mit größter persönlicher Hingabe zu leben.

Als ich darum rang, diese schwierigen Gedanken während des Films zu verarbeiten, warf ich einen Blick hinüber zu Marylyn in ihrem Sessel und sah durch meine Tränen hindurch, dass sie ebenfalls feuchte Augen hatte.

»Warum weinst du?«, fragte ich.

Sie erzählte mir, sie sei ebenfalls traurig darüber, dass die Kinder alle erwachsen sind, und vertraute mir an, sie wolle in Zukunft möglichst viel aus jedem einzelnen Moment herausholen.

Dann schreckte sie mich mit einer ganz anderen Bemerkung auf. »Ich weine, weil du weinst«, sagte sie.

Das Gefühl, mit mir zusammenzugehören, ist so tief in ihr verwurzelt, dass sie nun schon fühlt, was ich fühle. Aus vielerlei Gründen, unter anderem weil uns oft die gleichen Ereignisse nahe gehen, entsteht zwischen uns ein Band, das hundertmal stärker ist als der stärkste Klebstoff.

Immer wenn wir zwei gemeinsam eine anregende oder bewegende Erfahrung machen, bereichert das unsere Ehe und verbindet uns beide im tiefsten Innern enger miteinander.

Warum verbinden inspirierende Erfahrungen Eheleute so dauerhaft?

Ich möchte zunächst einmal erklären, was ich unter »inspirierend« verstehe. Eine der Hauptbedeutungen des Wortes »inspirieren« ist »einhauchen«. Die Luft die wir einatmen, ist für unser Weiterleben bekanntlich unabdingbar. Genauso wie wir Luft zum Atmen brauchen, benötigen wir auch Erfahrungen, die uns im Leben weiterbringen. Zwei Überlegungen machen das deutlich.

Erstens, die Luft die wir atmen, ist uns bemerkenswert nahe. Sie wird buchstäblich ein Teil von uns. Sie zirkuliert durch unseren ganzen Blutstrom. Darum ist das Wesen der Luft – wo sie herkommt und wofür sie verwendet wurde – von zentraler Bedeutung für uns. Genauso ist es auch im übertragenen Sinne von Bedeutung, welche Lebenserfahrungen wir machen, denn sie bestimmen, wie wir fortan denken und welche Art von Mensch wir werden.

Zweitens, wenn das was uns inspiriert, Teil unseres Wesens wird, dann ist es sehr wichtig, die Quellen dieser anregenden Ereignisse sorgfältig auszuwählen. Sie können sich von tausend verschiedenen Menschen, Ideen, Ereignissen oder sogar Träumen inspirieren lassen. Was Sie aus diesem Angebot auswählen, um Ihre Gefühlswelt davon durchdringen zu lassen, wird immensen Einfluss auf Ihr Leben haben.

Wenn wir die positiven Eigenschaften der Inspiration für die Ehe nutzen wollen, wird deutlich, dass jedes Ehepaar Quellen der Inspiration suchen muss, die auf lange Sicht zur Gesundheit des gemeinsamen Lebens beitragen, und dass diese Quellen in einer Ehe am meisten bewirken, wenn sie von beiden Ehepartnern auf gleiche Weise erlebt werden.

Vier Ereignisse, die mich besonders inspiriert haben

Wir erleben jeden Tag Dinge, die uns bewegen, uns zum Nachdenken bringen oder uns freuen. Manche sind relativ alltäglich – eine

Mutter, die sich einfühlsam um ihr behindertes Kind kümmert; ein schönes Lied in der Kirche; ein aufmunternder Brief von einem Freund. Andere Erlebnisse sind großartig und unvergesslich, und dazu gehören die vier, von denen ich Ihnen erzählen möchte.

Das erste dreht sich um Martin Luther King, der bei weitem der mitreißendste Redner war, den ich je gehört habe. Marylyn und ich erlebten ihn 1962 das erste Mal im Fernsehen in Chicago. Wir waren beide zutiefst beeindruckt von seiner Beredsamkeit und seiner Überzeugungskraft. Noch Tage danach sprachen wir von kaum etwas anderem. Dass er sich in einer so gewaltbereiten Zeit mit Leib und Seele der Gewaltlosigkeit verschrieb, bewirkte einen großen Wandel in unserer eigenen Einstellung zu gesellschaftlichen Veränderungen.

Eine der Erfahrungen, die mich in meinem Leben am meisten begeistert und beeindruckt hat, war, Martin Luther Kings inzwischen berühmte Rede »Ich habe einen Traum« im August 1963 vor dem Lincoln Memorial mitzuerleben. Er setzte sich mit einer Leidenschaft für Gerechtigkeit und Freiheit für die Schwarzen – und für alle Menschen – ein, wie sie keinem von uns Zuhörern jemals begegnet war. Ich schaue mir die Filmaufzeichnung dieser Rede immer wieder an, und bis heute bekomme ich dabei jedes Mal eine Gänsehaut.

Die Rede ist so ungeheuer bewegend, weil sie von großartigem handwerklichem Können zeugt. Ich habe den Eindruck, dass sie brillant aufgebaut ist – sie ist poetisch, überzeugend, eindrucksvoll und spricht allgemein gültig für und über *alle* Amerikaner, und darüber hinaus für alle Menschen. Sie legt die Wahrheit dar – nicht nur die Wahrheit wie Martin Luther King sie sah, sondern die Wahrheit, wie eine große Mehrheit von Menschen sie sah.

Inspirierend an der Rede ist außerdem ihr unerschütterlicher Idealismus. Weil er die Zukunft seiner kleinen Kinder so sehr im Blick hatte, setzte sich King mit seiner Rede für ganz ungewöhnlich hohe Ideale ein. Dass er unzweifelhaft Recht hatte, gab seinen Argumenten die Überzeugungskraft, und er verzichtete auf jegliche Andeutung von Gewalt, Militarismus oder Drohungen.

Wenn zwei Eheleute einen inspirierenden Augenblick gemeinsam erleben, wird ihre Ehe mit neuer Kraft und Leidenschaft erfüllt. Stellen Sie sich zum Beispiel vor, wie das Millionenpublikum im letzten Drittel von Kings Rede einstimmig jubelte und gleichzeitig konzentriert zuhörte. Kühn und poetisch entwickelte er Träume und Hoffnungen für sie, als er von seinen Überzeugungen und Vorstellungen sprach:

> Ich habe einen Traum, dass meine vier kleinen Kinder eines Tages in einer Nation leben werden, in der man sie nicht nach ihrer Hautfarbe, sondern nach ihrem Charakter beurteilen wird. Ich habe heute einen Traum ...
> Ich habe einen Traum, dass eines Tages in Alabama mit seinen bösartigen Rassisten, mit seinem Gouverneur, von dessen Lippen Worte wie »Intervention« und »Annullierung der Rassenintegration« triefen ..., dass eines Tages genau dort in Alabama kleine schwarze Jungen und Mädchen kleinen weißen Jungen und Mädchen die Hände reichen als Brüder und Schwestern.
> Ich habe einen Traum, dass eines Tages alle Täler erhöht und alle Berge und Hügel erniedrigt werden; und was uneben ist, soll gerade, und was hügelig ist, soll eben werden. Und die Herrlichkeit des Herrn wird offenbar werden, und alles Fleisch wird es sehen.
> Das ist unsere Hoffnung. Mit diesem Glauben kehre ich in den Süden zurück.
> Mit diesem Glauben werde ich fähig sein, aus dem Berg der Verzweiflung einen Stein der Hoffnung zu hauen. Mit diesem Glauben werden wir fähig sein, die schrillen Missklänge in unserer Nation in eine wunderbare Symphonie der Brüderlichkeit zu verwandeln.
> Mit diesem Glauben werden wir fähig sein, zusammen zu arbeiten, zusammen zu beten, zusammen zu kämpfen, zusammen ins Gefängnis zu gehen, zusammen für die Freiheit aufzustehen, in dem Wissen, dass wir eines Tages frei sein werden.

So etwas nenne ich inspirierend!

Natürlich müssen inspirierende Momente für einen Einzelnen oder ein Ehepaar nicht so großartige Ausmaße annehmen. Sie können sich auf einer vergleichsweise kleinen Bühne mit nur ganz leisem Fanfarenstoß abspielen.

Nun das zweite Erlebnis: Marylyn und ich waren zwei Jahre verheiratet, als wir beschlossen, von Kalifornien nach Chicago zu ziehen, damit ich ein Aufbaustudium in Psychologie machen konnte. Wir waren ärmer als Kirchenmäuse und hatten außer unseren Hochzeitsgeschenken keine weltlichen Besitztümer. Zwei Tage bevor wir aufbrachen, fiel meiner Mutter auf, dass wir keine Koffer besaßen. Sie kam zu uns und sagte: »Ich habe beschlossen, von meinen Rabattmärkchen für jeden von euch einen Koffer zu kaufen.«

Ich möchte Ihnen erklären, warum dieses Angebot für mich zu den inspirierendsten Erlebnissen meines Lebens gehört. Meine Mutter, die während der Weltwirtschaftskrise aufgewachsen war, hatte jahrelang die Rabattmarken eines bestimmten Geschäftes gesammelt. Ich hatte nie viel darüber nachgedacht, aber ich wusste, dass sie Dutzende von Rabattbüchern besaß und manchmal stundenlang Märkchen einklebte.

»Nein, Mama«, antwortete ich sofort. »Du solltest etwas Hübsches für dich kaufen, nachdem du so lange gespart und so hart gearbeitet hast.«

Trotz meiner Proteste sammelte sie am nächsten Tag ihre Rabattbücher ein und machte sich mit Hilfe meines Vaters auf den Weg zu dem Laden, in dem man sie einlösen konnte. Sie tauschte ihre Marken gegen zwei große Samsonite-Koffer ein – einen wunderschönen weißen für ihre Schwiegertochter und einen prächtigen rabenschwarzen für ihren Abschied nehmenden Sohn.

Warum löste dieses Erlebnis in Marylyn und mir so viel aus? Es lag daran, dass das Geschenk meiner Mutter eine Opfergabe ohne Hintergedanken war, ein deutlicher, von Herzen kommender Ausdruck ihrer Liebe zu uns – einer Liebe, an der Zeit ihres Lebens keiner von uns je zweifelte.

Das dritte Ereignis, das mich ganz besonders berührt und geprägt hat, passierte einem Ehepaar mit Namen Jim und Arlene Loder. Jim Loder traf ich gelegentlich; seine Frau kenne ich gar nicht persönlich. Trotzdem hat eine mitreißende Geschichte aus ihrem Leben auf Marylyn und mich großen Eindruck gemacht.

Die Loders waren mit ihren zwei Töchtern von Princeton in New Jersey nach Quebec in Kanada unterwegs. Sie hielten zwischendurch an, um einer älteren Frau zu helfen, die einen platten Reifen hatte. Jim machte sich an die Arbeit, einen neuen Reifen aufzuziehen. Genau in diesem Moment schlief ein Mann, der in die gleiche Richtung fuhr, am Steuer ein, kam von der Straße ab und raste in das Auto, das Jim gerade reparieren wollte. Jims Brust wurde vom Vorderteil des Wagens eingequetscht. Er war schwer verwundet und schrie verzweifelt um Hilfe. Seine Frau war der einzige Mensch in Rufweite, der eingreifen konnte.

Arlene ist eine zierliche Frau, kaum größer als 1,50 m, aber das Leben ihres Mannes hing davon ab, dass sie ihn von dem Auto befreite, unter dem er lag. Mit den Händen unter der Stoßstange und dem Gebet »Im Namen Jesu Christi, im Namen Jesu Christi ...« auf den Lippen, fing sie mit ihrer ganzen Kraft an zu heben. Als sie später davon erzählte, sagte sie, dass sie für ein paar Sekunden das Bewusstsein verlor, als ihre Kräfte nachließen. Sobald sie wieder klar denken konnte, sah sie erstaunt, dass sie das Auto tatsächlich angehoben hatte.

Was finden wir an diesem Ereignis so inspirierend? Zum einen überlebte Jim Loder, weil Arlene mit ihrer Kraft das Äußerste leistete, zu dem sie fähig war – sie setzte sogar mehr Kraft ein, als in ihrem Körper steckte. In dieser kleinen Frau wurden fast übermenschliche Kräfte freigesetzt, weil der Mann, den sie liebte, verzweifelt von ihr abhängig war.

Marylyn und mich erschütterte diese Geschichte auch deshalb, weil Jim Loder ein Buch darüber schrieb, was für eine enorme Auswirkung diese Erfahrung auf sein Leben hatte: *The Transforming Moment*. Loder ist Professor am theologischen Seminar von Princeton, und er hat im Lauf der Jahre das Leben Tausender junger Menschen mitgeprägt. Dieses Erlebnis, das beinahe tragisch ausgegangen wäre, trug entscheidend dazu bei, dass er noch mehr Leute erreichte und dass er sein gesamtes Leben aus einer neuen Sicht betrachtete.

Das letzte Ereignis, das ich erwähnen möchte, ist der grässliche Flugzeugabsturz von South Dakota, bei dem der Golfprofi Payne Stewart ums Leben kam. Seine Beerdigung wurde für Millionen von Ehepaaren auf der ganzen Welt zu einer Quelle der Inspiration. Wie konnte das sein? Das lag an der Ehe- und Familiengeschichte von Payne und Tracey Stewart.

Die Gedenkfeier fand in Orlando in Florida statt; man schätzte die Anzahl der Teilnehmer auf 3000 Personen. Unter ihnen befanden sich mehr als 80 professionelle Golfspieler. Tracey Stewart, die ihren Bruder als Beistand neben sich hatte, erzählte von ihren Erinnerungen an Payne. Einen wunderbaren Bericht über die Beerdigung verfasste J. A. Adande von der Los Angeles Times:

> Sie sprach davon, was sie durch seine Gegenwart gewonnen und nicht, was sie durch seinen Tod verloren hatte. »Ich glaube, dass Gott mich gesegnet hat«, sagte sie. »Ich danke ihm, dass ich die letzten 18 Jahre meines Lebens mit Payne teilen durfte.«
>
> Tracey Stewart erzählte eine Liebesgeschichte, ihre Liebesgeschichte, einfach und schlicht.
>
> Traceys und Paynes Augen waren sich quer durch den Raum begegnet, als beide eine Cocktailparty während eines Turniers in Australien besuchten.
>
> »Ich kannte nicht einmal seinen Namen«, sagte Tracey. Sie wusste nur, dass er der schönste Mann war, den sie je gesehen hatte. »Von unserer ersten Verabredung an, das kann ich Ihnen ehrlich sagen, war er der Mann, mit dem ich mein Leben teilen wollte.«
>
> Nachdem sie einigen engen Freunden und »allen Menschen überall für ihre aufrichtigen Gebete und ihr Beileid« gedankt hatte, sprach sie wieder von ihrem Mann.

> »Und schließlich möchte ich Gott für Payne danken«, sagte sie. Wir erlebten Lachen, Tränen, Siege und Niederlagen gemeinsam. ... Du wirst für immer mein Gegenstück und mein bester Freund sein. Du bist das Licht meines Lebens und der Turm meiner Stärke. In meinem Herzen wirst du für immer leben. ... Ich erkenne, dass Payne selbst nach 18 Jahren Ehe immer noch der schönste Mann war, den ich je gesehen habe. Das lag nicht mehr an der Art, wie er von außen aussah, sondern an dem, was in seinem Inneren war. Wir lieben dich ... jetzt kann die Party im Himmel anfangen.[8]

Ich glaube kaum, dass ein verheirateter Mensch das alles ohne Rührung hören kann und ohne den Wunsch, von nun an den Gefühlen und Bedürfnissen seines Ehepartners mehr Aufmerksamkeit zu widmen.

Was kann ich sonst noch über die enorme Wirkung sagen, die gemeinsame inspirierende Erlebnisse auf eine Ehebeziehung haben? Nur das: Wann immer Ihnen und Ihrem Partner ein Moment der Inspiration geschenkt wird, nutzen Sie ihn: Wenn Sie und Ihr Schatz einander bei einem schönen Lied im Radio umarmen; wenn Sie mitbekommen, dass ein großer Sportler sich die Zeit nimmt, seinen Eltern oder Großeltern für ihren lebensverändernden Einfluss zu danken, und Sie wieder spüren, wie viel wir den Menschen schuldig sind, die sich aufopferungsvoll um uns gekümmert haben, damit wir eine Chance im Leben haben; wenn Sie beide den ersten Schrei eines Babys hören oder sehen, wie sich zwei ältere Menschen in schwierigen Zeiten gegenseitig unterstützen. Erkennen Sie hinter solchen Momenten Gottes machtvolle Wege und seinen Willen, Sie so fest miteinander zu verbinden, dass Sie jede Wendung des Schicksals überstehen können, so lange Sie beide leben.

Was gehört zu einem inspirierenden Ereignis?

Wenn wir diese ganzen anregenden Geschehnisse betrachten, was finden wir dann für Gemeinsamkeiten, die sie ausmachen?

Als Erstes fällt einem da der Begriff der Selbstlosigkeit ein. Die Fähigkeit, einmal völlig von sich selbst abzusehen, ist vermutlich die beste Eigenschaft eines Menschen. Selbstsüchtig zu sein ist kein schreckliches Problem, aber es hat etwas Wunderbares an sich, wenn man es nicht sein muss. Vielleicht beeindrucken wahrhaft selbstlose Menschen uns deshalb so, weil sie wissen, wie ihre tiefsten persönlichen Bedürfnisse gestillt werden können. Deswegen sind sie in der Lage, sich den Bedürfnissen anderer Menschen zuzuwenden.

Inspirierend wirkt es außerdem, wenn man zusehen kann, wie ein Mensch etwas richtig macht. Martin Luther King war ganz erfüllt von seinem Anliegen, die Dinge in Ordnung zu bringen. Er erkannte, dass Rassismus ein großes Unrecht ist, und er musste seinen Beitrag leisten, damit sich die Haltung seiner Landsleute veränderte. Er wusste natürlich, dass es manchmal schmerzhaft schwierig sein würde, eine Gesellschaft wieder zurechtzubringen.

Darüber hinaus versuchte King, die Dinge mit den richtigen Mitteln in Ordnung zu bringen. Das heißt, er machte nicht ein Unrecht gut, indem er ein anderes schuf. Er weigerte sich, Gewalt zu schüren. Er machte Millionen von Amerikanern auf Ernst zu nehmendes gesellschaftliches Unrecht aufmerksam und brachte die öffentliche Meinung gegen dieses Unrecht auf, aber er weigerte sich nachdrücklich, mit den gleichen Waffen zu kämpfen. Er weckte die Einsicht in uns, dass wir als Menschen zu größerer Weisheit und weit selbstloserem Mut fähig sind.

Inspiration hat also oft damit zu tun, dass hohe moralische Werte vertreten werden. Wenn wir sehen, wie sie von anderen in Ehren gehalten werden, macht uns das Mut, sie auch in unserer Ehe zu verwirklichen. Und dadurch erhält unser gemeinsames Leben neue Spannung und Schönheit.

Noch eine Beobachtung über die Inspiration, die uns hilft, enger zusammenzuwachsen: Oft liefern andere Ehen den Anschauungsstoff für das, was unsere Ehe aufbaut. Es berührt uns, wenn wir miterleben, wie liebevoll sich eine Frau um ihren schwer kranken Mann kümmert. Ein Ehepaar, das all seine Kraft zusammennimmt, um einen tragischen Verlust in der Familie zu bewältigen, macht uns Mut. Es baut uns auf, von einem Mann zu hören, der große Opfer auf sich nimmt, damit seine Frau ein lang ersehntes Ziel verwirklichen kann. Wenn solche Ehen beweisen, dass es mit den Eigenschaften, die uns allen zur Verfügung stehen, Wachstum geben kann, dann stellen sie für uns eine enorme Quelle der Inspiration dar.

Die vier einflussreichsten Werte, die inspirierende Ereignisse vermitteln

Als ich mich mit dem Thema Inspiration beschäftigte, fielen mir vier Werte auf, die anscheinend besonders inspirierend auf die meisten Menschen wirken und die zu einer Kraftquelle für Ehepaare werden können.

1. Beharrlichkeit

Menschen, die großen Einfluss auf andere haben, legen sehr viel Wert darauf, niemals aufzugeben. Darauf stößt man immer wieder, wenn man sich mit ihrem Leben befasst. Große Menschen sind oft deshalb so groß, weil sie sich weigern, das Handtuch zu werfen.

Unter diesen beharrlichen Menschen ist mir Winston Churchill der liebste. Er brauchte drei Jahre, um das achte Schuljahr zu bestehen, weil er so große Probleme mit der englischen Grammatik hatte. An einem Punkt seiner schulischen Karriere war er der absolut Schlechteste in seiner Klasse, und sein Vater gab ihn buchstäblich auf. Wenn man bedenkt, welch großen Einfluss er auf den Ausgang des Zweiten Weltkriegs hatte, können wir uns außerordentlich glücklich schätzen, dass Churchill sich nicht unterkriegen ließ.

Ich kann Ihnen versichern, dass ich in meiner 35-jährigen Praxis als Eheberater einige unglaubliche Beispiele für Beharrlichkeit gesehen habe. Bei manchen Ehen dachte ich, dass da nichts mehr zu retten wäre, und konnte dann beobachten, wie sie sich gewissermaßen vom Totenbett erhoben und wieder lebendig und stark wurden.

Auf der anderen Seite habe ich leider oft erlebt, dass Ehepartner ihre Ehe viel zu früh aufgaben. Mit ein bisschen mehr Beharrlichkeit wäre es möglich gewesen, das Ruder noch herumzureißen.

2. Mut

Oft fassen Menschen Mut, wenn sie sich einer Sache oder einem anderen Menschen tief verpflichtet fühlen. Wenn es zum Beispiel um unsere drei Töchter geht, würde ich ohne Zögern mein eigenes Leben aufs Spiel setzen, um ihres zu retten. Das Gleiche gilt für meine Frau. Wenn ich sähe, wie ein Auto auf sie zurast, würde ich einen großen Satz machen, um sie aus der Gefahrenzone zu stoßen, selbst wenn das hieße, dass ich statt Marylyns überfahren würde.

An vielen Ehen habe ich beobachtet, dass Mut eine große Rolle spielt. Viele von den Ehepaaren, mit denen ich im Lauf der Jahre gearbeitet habe, setzten sich tapfer für ihre Ehe ein, wenn ein Mensch oder eine Sache sie zu zerstören drohte. Manchmal versucht ein Elternteil eines der Partner, einen Keil zwischen einen Mann und seine Frau zu treiben. Manchmal kann ein verwirrter Teenager die Ursache sein, dass Eltern sich gegenseitig Vorwürfe machen und Gegner statt Verbündete werden. Manchmal wird eine langwierige Krankheit zur Gefahr für die Stabilität einer Ehe. Wenn ein Ehepaar in eine solche Situation gerät, braucht es einen großen Vorrat an Mut, um allem die Stirn zu bieten, was ihre Beziehung gefährden könnte.

3. Großzügigkeit

Ich habe gesehen, wie Ehen neue Impulse bekamen, weil einer der Partner sich großzügig zeigte oder weil beide Partner die selbstlose Großzügigkeit eines anderen Menschen miterlebten.

Mich berührt es oft, wie großzügig viele Mütter in meinem Bekanntenkreis sind. Sie geben ihren Kindern und ihrem Mann buchstäblich alles, was sie zu geben haben, und bringen dabei große persönliche Opfer. Ihre Großzügigkeit entspringt einer tiefen Liebe zu ihrer Familie. Solche Menschen regen mich an, den Menschen, die ich liebe, mein Bestes zu geben.

4. Idealismus

Tief im Inneren der meisten Menschen steckt das Bedürfnis, ihre Ideale zu verwirklichen. Wir sehnen uns danach, unsere besten Eigenschaften zum Einsatz zu bringen, selbst wenn außer uns keiner weiß, wie sehr wir uns bemühen. Und es gefällt uns, wenn wir bei anderen sehen, dass sie sich in ihrem Leben von hohen Idealen leiten lassen. Wir wollen gern glauben, dass jeder Mensch zu Edelmut, Selbstlosigkeit, Gerechtigkeit und Ehrlichkeit in der Lage ist.

Manchmal wird das Streben nach Idealen an großen, öffentlichen Orten ausgetragen – in der olympischen Arena, im Parlament, im Gerichtssaal. Auf der Suche nach Idealismus sind für mich jedoch die kleinen Bühnen des Lebens wichtig geworden, die Orte, an denen Menschen wirken, ohne zu vermuten, dass sie bemerkt, geschweige denn beobachtet werden. Aufzüge eignen sich zum Beispiel sehr gut, um Selbstlosigkeit zu entdecken. Wie hilfsbereit ist jemand gegenüber einem Mitfahrenden, der beide Hände voll hat? Wie viel Geduld bringt jemand auf, wenn ein älteres Paar langsam in den Fahrstuhl schlurft und eine Weile braucht, bis es wieder weiß, in welchen Stock es muss? Wie begegnet jemand einer gestressten Mutter mit drei lebhaften Kindern?

Wenn ich mit Marylyn ausgehe, achte ich gern auf beispielhaftes Verhalten: die Freundlichkeit anderer Menschen; ihre besonderen Anstrengungen, jemandem zu helfen; ihre Bereitschaft, selbstlos zu geben. Und ich versuche, mit diesen Menschen ins Gespräch zu kommen. Ich danke ihnen und gebe ihnen ein gutes Trinkgeld; ich schreibe lobende Briefe an ihre Vorgesetzten und tue alles, was ich kann, um meine Anerkennung auszudrücken.

Wenn Marylyn und ich miterleben, wie sich jemand Mühe gibt, das Richtige zu tun und sich vorbildlich verhält, werfen wir uns einen wissenden Blick zu. »Wir sollten das Gleiche tun!«, denken wir dann beide. »Im Umgang miteinander, mit unserer Familie, mit Fremden sollten wir immer versuchen, unsere besten Eigenschaften zum Einsatz zu bringen.«

Ein letztes Wort darüber, wie Inspiration eine Ehe stark machen kann

Man kann seine Ehe auf mancherlei Weise stärken, und einige Methoden versprechen mehr Erfolg als andere.

Um eine feste Verbindung zwischen zwei Eheleuten zu schaffen, ist es ratsam, wenn sie gemeinsam etwas erleben, was beide aufbaut. Dies geschieht nur selten dann, wenn man sich auf Probleme, Streitpunkte, Mängel und Schwierigkeiten der Beziehung konzentriert.

Jedes Ehepaar auf der Welt müsste eigentlich zur Unterstützung liebende Menschen um sich haben, an denen die hohen Ideale sichtbar werden, von denen wir gerade sprachen. So ermutigt, würde sich ein Paar nie aus den Augen verlieren, dass eine Beziehung von noblen Werten geprägt sein kann, dass Selbstlosigkeit, Einfühlungsvermögen und Freundlichkeit im gemeinsamen Leben einen festen Platz haben können.

Am Ende seines Briefes an die Gemeinde in Philippi schreibt der Apostel Paulus im Neuen Testament einige Sätze, die Ehepaare beherzigen sollten:

> Orientiert euch an dem, was wahrhaftig, gut und gerecht, was anständig, liebenswert und schön ist. Wo immer ihr etwas Gutes entdeckt, das Lob verdient, darüber denkt nach. (...) Richtet euch nach dem, was ich euch gelehrt habe, und lebt nach meinem Vorbild. Dann wird Gott bei euch sein und euch seinen Frieden schenken.[9]

Eines steht zweifellos fest: Wenn Eheleute nach Menschen und Ereignissen Ausschau halten, von denen sie neue Impulse bekommen können, wird ihre Beziehung gestärkt.

Aber wenn sie sich zu viel mit ihren Problemen befassen, werden sie auseinander gerissen.

Ich habe mich entschieden, über den Mut Martin Luther Kings nachzudenken, über die einfache Liebe und Einfühlsamkeit meiner

Mutter, über die unwahrscheinliche Kraft, die eine zierliche Person wie Arlene Loder aufbrachte, als das Leben ihres Mannes auf dem Spiel stand, und über die wunderbare Beziehung, die Payne und Tracey Stewart in ihrer Ehe hatten.

Die Erfahrung aus meiner Praxis erfüllt mich mit dieser festen Überzeugung: Die Ehe zweier Menschen, die regelmäßig inspirierende Ereignisse zusammen erleben, wird selbst zur Anregung für andere und nimmt ständig an Schönheit und Liebe zu.

Setzen Sie Zeichen der Zärtlichkeit in Ihrer Ehe

Kevin und Margie besuchten eines meiner Eheseminare. Nach meinem Vortrag über Sex in der Ehe stellte sich Margie an, um sich eins meiner Bücher signieren zu lassen. Weil ich beim Thema Sexualität kein Blatt vor den Mund nehme, sprechen die Leute ihrerseits auch ganz offen und frei mit mir darüber. Innerhalb von 90 Sekunden erzählte mir Margie eine faszinierende Geschichte über die Bedeutung des »Körperlichen« in ihrer Ehe.

»Kevin und ich mögen das Körperliche an unserer Beziehung«, sagte Margie, »und wir berühren uns bei jeder Gelegenheit.«

Ich war mir sicher, ich würde wieder einmal den dramatischen Bericht eines sexuell extrem geladenen amerikanischen Paares hören, das seit seiner Hochzeit vor 20 Jahren jeden Tag miteinander schläft. Geschichten dieser Art höre ich immer wieder einmal, aber bei Margie und Kevin war es anders.

»Nachts schmusen wir oft, und wir umarmen uns, wenn wir am Morgen aufwachen«, erzählte sie. »Wir streifen uns absichtlich, wenn wir unter die Dusche gehen oder uns anziehen, und wenn wir schnell einen Happen essen und eine Tasse Kaffee trinken, stehen wir dicht nebeneinander. Wir umarmen uns, bevor wir zur Arbeit gehen, und wir drücken uns ein Weilchen, wenn wir nach Hause kommen. Wir massieren uns gegenseitig die Schultern, während wir uns um das Essen kümmern, und beim Fernsehen sitzen wir zusammen in einem großen Sessel.«

Zusammenfassend sagte sie: »Kevin und ich haben die Erfahrung gemacht, dass es uns gefühlsmäßig stark verbindet, wenn wir uns oft berühren, und darum legen wir so großen Wert darauf.«

Ich signierte ihr Buch zu Ende und stellte ihr dann eine Frage, die mir plötzlich in den Sinn kam: »Ich möchte ja nicht neugierig sein, aber dienen alle diese Berührungen als Ersatz für Sex, oder haben Sie auch Sex miteinander?«

Margie war etwas überrascht von meiner Offenheit. Sie lächelte jedoch und antwortete: »Oh, wir haben guten Sex, aber Sex ist einfach nur eine von vielen Arten, wie wir einander berühren.«

Ich erinnere mich so lebhaft an die Worte dieser Frau, weil ich nur eine Woche vorher eine ganz andere Geschichte gehört hatte.

Ein Ehepaar um die 50, das 23 Jahre verheiratet war, kam zu einem Beratungsgespräch in mein Büro. Als die beiden eintrafen, fiel mir auf, dass sie einen Meter Abstand zwischen sich ließen, als sie sich steif auf meine Couch setzten (Psychologen sehen so etwas sofort!).

Bevor ich die Frage stellen konnte, was sie zu mir führte, verkündete die Frau mit einer Stimme, die sich wie kratzendes Schmirgelpapier anhörte: »Unsere Ehe hat man noch nie als zärtlich bezeichnen können. Aber jetzt fasst Roger mich kaum mehr an. Kaum mehr! Als hätte ich eine Hautkrankheit, mit der er sich nicht anstecken will.« Sie beugte sich vor und sagte in verschwörerischem Ton: »Wir haben aber Verkehr, wissen Sie, wahrscheinlich, na ja, ein oder zwei Mal im Monat, aber das ist natürlich Roger zuliebe – wenn Sie verstehen, was ich meine. Der Mann ist ein kalter Fisch, Dr. Warren. Ein kalter Fisch!«

Der arme Roger sank etwas tiefer in die Sofakissen und sah aus, als wäre ihm schlecht. Ich fragte ihn, wie er die Situation sah. Er seufzte tief auf und erwiderte: »Es stimmt schon –, dass wir nicht sehr zärtlich miteinander umgehen. Mir liegt das mit dem Berühren einfach nicht so. Ich gebe mir Mühe, wirklich, aber es liegt irgendwie nicht in meiner Natur. Aber sie« – er streckte den Finger gegen seine Frau aus – »sie macht es mir nicht gerade leicht. Ständig kritisiert sie mich, wenn ich versuche, zärtlich zu sein, und äußert sich abfällig über mich: ›Du bist kalt wie Stein, steif wie ein Stock, hast Fischblut in den Adern.‹«

Die nächsten 15 Minuten verbrachten sie damit, mir zu erzählen, wie ihre Ehe ständig lust- und lebloser geworden war und wie ihre Erfüllung in der Ehe zusammen mit der Quantität und Qualität ihrer körperlichen Nähe nachgelassen hatte.

Da sieht man, was Berührungen – oder das Fehlen von Berührungen – in einer Ehe ausmachen können. Zweifellos hatten Roger und seine Frau Probleme, die sich nicht durch mehr Umarmungen oder Küsse lösen ließen. Etwas mehr Zärtlichkeit hätte jedoch eine Atmosphäre schaffen können, in denen es ihnen möglich gewesen wäre, über ihre Anliegen zu sprechen. Was ich diesem Paar sagte – und was ich Margie und Kevin ganz sicher nicht sagen musste –, war, dass Berührungen die Temperatur in einer Ehe anheben. Sie schaffen Wärme und Nähe. Von allen Fertigkeiten die eine Beziehung verbessern können, sind sie mit am einfachsten zu erlernen.

Wie steht es mit Ihnen und Ihrem Partner? Wie würden Sie Ihren zärtlichen Umgang miteinander bezeichnen – als ausgeprägt, bescheiden oder eher selten? Umarmungen, Händchen halten, Küsse, Arm in Arm laufen – kommt das regelmäßig bei Ihnen vor? Hängen Sie ständig zusammen oder halten Sie eher Abstand? Jedem verheirateten Paar stehen Berührungen als Quelle der Energie und Vertrautheit in seiner Beziehung frei zur Verfügung. Das Wesentliche ist nun, diese Quelle bestmöglich zu nutzen.

Warum es sich lohnt, einander viel Zärtlichkeit zu schenken

Zwei verheiratete Menschen, die sich gern berühren, finden zahlreiche Wege, einander jeden Tag ihre Liebe zu zeigen. Körperlicher Kontakt ist ein wunderbarer Kanal für tiefe, bedeutsame Kommunikation. In manchen Ehen werden auf körperlichem Wege mehr Gefühle und Mitteilungen weitergegeben als mit Worten. Wenn Sie ein Meister im Entschlüsseln der »Körpersprache« werden, können Sie lange Gespräche führen, ohne auch nur ein Wort zu sagen.

Es gibt absolut nichts, was gegen sexuelle Kommunikation spricht, aber sie ist viel komplexer und setzt ausgiebige Vorbereitungen voraus, um sicherzustellen, dass beide Partner dafür bereit sind. Guter Sex kann zwei Liebende im tiefsten Inneren der Seele verbinden und einen direkt in die Gegenwart Gottes führen. Aber gerade aufgrund dieser Komplexität erleben die meisten Paare nicht jeden Tag guten Sex – und manchmal auch nicht jede Woche oder jeden Monat.

Gute Berührungen lassen sich viel leichter einsetzen und verwirklichen. Man kann damit vielleicht nicht solche mächtigen, die Seele erschütternden Botschaften weitergeben wie mit Sex, aber dafür muss man sich auch seelisch bei weitem nicht so verausgaben und kann dem anderen trotzdem sehr viel mitteilen. Und es kann gut sein, dass die Vielzahl der täglichen Berührungen die Intensität des gelegentlichen Geschlechtsverkehrs mehr als aufwiegt.

Ein großes Maß an Zärtlichkeit macht eine Ehe in zweifacher Weise unbeschwerter. Zum einen entlastet es das Sexualleben. Manche Ehepaare setzen sich selbst ja enorm unter Druck, weil sie meinen, dass sie jedes Mal, wenn sie miteinander ins Bett gehen, ganz ekstatischen Sex haben müssen. Wenn ihr Sexualleben ein bisschen gezwungen oder weniger aufregend wird, fragen sie sich gleich, was mit ihnen nicht stimmt. Wenn man Sex als einen Teil der gesamten körperlichen Beziehung sieht, legt man nicht mehr so viel Gewicht auf diesen einen Aspekt.

Zweitens steigen die Chancen für besseren Sex, wenn man sich viel berührt. Berührungen lassen Nähe entstehen, und ohne Nähe bleibt Sex ganz sicher unbefriedigend. Ich staune immer wieder, dass Ehepaare sich nicht erklären können, warum ihr Sexualleben so wenig hergibt – obwohl sie sich, abgesehen vom Geschlechtsverkehr kaum berühren. Streicheln, Umarmen, Kuscheln, Händchen halten – all das bringt in Stimmung für Sex. Damit will ich nicht sagen, dass jede Berührung zum Sex führen sollte, aber Zärtlichkeit steigert den Wunsch und die Bereitschaft, sich körperlich zu lieben.

Natürlich ist Sex ein wichtiger Bestandteil der Liebesbeziehung jedes verheirateten Paares. Aber körperliche Zärtlichkeit besteht aus so viel mehr als dem Geschlechtsakt, und man kann so viel dabei gewinnen, wenn man Berührungen jeder Art einen großen Platz im Leben einräumt. Ich ermutige Ehepaare, an ihrer körperlichen Beziehung zu arbeiten. Ich versichere ihnen, dass dieser Bereich wesentlich größer und wesentlich einfacher zu meistern ist als ihre sexuelle Beziehung. Außerdem hat man dadurch die großartige Möglichkeit, sich aneinander zu freuen und als Paar enger zusammenzuwachsen.

Warum eine Berührung so viel bedeuten kann

Wenn jemand Sie auf warme, herzliche Art berührt, nehmen Sie an, dass er Sie mag und gern mit Ihnen in Verbindung steht. Vermutlich gehört zum menschlichen Wesen, dass es einem unangenehm ist, Menschen zu berühren, die man nicht mag; wenn man jemanden unsympathisch oder abstoßend findet, möchte man ihm nicht nahe kommen. Aber wenn man jemanden wirklich gern hat, legt man den Arm um ihn, hält seine Hand bei der Begrüßung etwas länger oder fasst ihn sanft an der Schulter. Man tut das ganz automatisch, wenn man jemandem sagen will: »Ich mag dich; ich freue mich, dass du da bist; ich bin gern mit dir zusammen; ich fühle mich dir verbunden.«

Manche Menschen können eine Beziehung durch das, was sie sagen, und durch Gespräche, die sie führen, vertiefen. Andere Menschen tun sich mit Worten eher schwer; es fällt ihnen leichter und bedeutet ihnen mehr, sich durch Berührungen auszudrücken. Und die richtige Art von Berührung besitzt eine unglaubliche Kraft, tiefe Gefühle und Empfindungen zu vermitteln. Haut an Haut – das hat etwas sehr Intimes an sich und kann Botschaften auf einer fast unbewussten Ebene weitergeben.

Denken Sie nur einmal an die Kraft eines gewöhnlichen Handschlags. Es ist doch sehr selten, dass man einen Fremden trifft oder einem alten Freund begegnet, ohne einander die Hand zu reichen. Damit sagt man diesem Menschen, dass man sich freut, ihn zu sehen, dass man gute Absichten ihm gegenüber hat und dass er sich durch die Berührung der Haut ein Bild machen kann, wie ehrlich man es meint.

Eine Vielzahl wichtiger Botschaften wird übermittelt, wenn Ihre Haut die Haut eines anderen berührt. Die Körpertemperatur enthält eine oder mehrere dieser Botschaften, und das Gleiche gilt für die Trockenheit oder Feuchtigkeit der Haut. Des Weiteren sagt die Festigkeit des Händedrucks – zu fest, zu schlaff oder gerade richtig – etwas darüber aus, wie sicher und entspannt sich zwei Menschen in ihrer Beziehung zueinander fühlen.

In einer Ehe haben die Partner zahllose Möglichkeiten, Gefühle durch Berührungen zum Ausdruck zu bringen.

Nehmen wir zum Beispiel das Küssen. Wenn die Lippen zweier Menschen sich berühren, werden enorm viele Nervenenden elektrisiert, und es kommt alles Mögliche zum Ausdruck, was in jedem Einzelnen vorgeht. Sollten auch die Zungen beteiligt sein, sind sogar noch mehr Nervenenden in Bereitschaft, den Inhalt der Botschaft aufzunehmen.

Marylyn sagt mir immer, wie gern sie es hat, wenn ich ihre Schultern massiere. Sie denkt, dass ich es nur ihr zuliebe tue, aber in Wirklichkeit macht es mir sehr viel Spaß. Wenn sie mich wissen lässt, wie gut es ihr dabei geht, spornt mich das an, ihre Schultern noch länger und sorgfältiger zu massieren. Für mich ist diese Art der Berührung ein Mittel, ihr besser begreiflich zu machen, wie sehr ich sie liebe.

Berührungen fördern das Gespräch

Ich hatte zwei Erfahrungen, bei denen mir plötzlich ein Licht aufging und mir klar wurde, was für eine Kraft in Berührungen steckt. Sie liegen viele Jahre zurück, in der Zeit, als Marylyn und ich in Chicago lebten. Die erste Erfahrung hatte ich, als unsere drei Töchter noch klein waren. Marylyn und ich bemerkten, dass unsere Kinder gerade dann besonders empfänglich für Gespräche über wichtige Dinge waren, wenn sie zu Bett gingen, und wir fingen an, diese Zeit bewusster zu gestalten. Wir setzten uns jeden Abend zu jeder Tochter an die Bettkante, und daraus wurde schnell ein wichtiges Ritual.

Zum Schlafengehen gehörte immer ein Glas Wasser oder Milch, und wir sangen alles Mögliche zusammen, vor allem die Lieder, die sie aus dem Kindergottesdienst kannten. Wir beteten auch mit ihnen – zuerst waren es auswendig gelernte Gebete, doch je älter die Mädchen wurden, desto spontaner und persönlicher wurde das Beten.

Was mich aber an der ganzen Sache am meisten fesselte, waren unsere Gespräche mit ihnen. Ich würde ja gern behaupten, dass ich diese wirksame Kommunikationstechnik aufgrund meiner psychologischen Ausbildung anwenden konnte, aber in Wirklichkeit kam ich ganz zufällig darauf.

Wenn ich am Bett einer meiner Töchter saß und mich leise mit ihnen unterhielt, fragte ich sie oft: »Soll ich dir den Rücken oder die Schultern massieren?« Ohne ein Wort zu sagen, drehte sie sich dann auf den Bauch und tat damit eindeutig ihre Wünsche kund. Zuerst massierten wir die Mädchen nur kurz, so wie ich es bei Marylyn oft machte und umgekehrt, aber dann machten wir eine Entdeckung: Je länger wir ihren Rücken massierten, desto entspannter wurden sie; je entspannter sie waren, desto offener wurde ihr Gespräch mit uns. So lange wir ihre Schultern und ihren Rücken massierten, gewährten sie uns Einblick in ihre Gedanken, Gefühle und Träume. Mit der Zeit wurden die Massagen zum wichtigsten Teil des Einschlafrituals.

Da unser Verhältnis zu allen drei »Mädchen« (inzwischen erwachsene Frauen) bis heute eng und vertraut geblieben ist, glaube ich, dass wir den Gute-Nacht-Gesprächen von damals viel zu verdanken haben.

Natürlich ist dieses Prinzip für eine Ehe genauso wertvoll wie für die Erziehung von Kindern. Denken Sie an gute Gespräche zurück, die Sie in letzter Zeit mit Ihrem Partner hatten. Es ist ziemlich wahrscheinlich, dass Sie sich dabei berührt haben. Vielleicht saßen sie dicht nebeneinander auf dem Sofa, kuschelten vorm Kamin, gingen Hand in Hand in einem Park spazieren oder massierten sich gegenseitig den Rücken vor dem Schlafengehen. Wenn Sie sich an keine guten Gespräche erinnern, können Sie dieses Prinzip ausprobieren: Wenn Sie und Ihr Partner sich das nächste Mal unterhalten, rücken Sie einfach näher, fassen nach der Hand Ihres Mannes oder Ihrer Frau oder massieren seine Schultern – und achten Sie darauf, ob Ihr Gespräch nicht etwas offener, freier und tiefgründiger wird.

Zärtlichkeit führt zu Offenheit

Die zweite eindrückliche Lektion über Berührungen erhielt ich durch unsere Zeit in einer Kirche, zu der 20 oder 30 Männer und Frauen gehörten, die nicht sprechen oder hören konnten. Alle Gottesdienste wurden für sie in die Gebärdensprache übersetzt. Es fiel uns anfangs schwer, ihnen klarzumachen, was uns wichtig war, und zu verstehen, was sie uns mitteilen wollten. Aber mit der Zeit lernten Marylyn und ich viele dieser Menschen sehr gut kennen. Und obwohl wir uns nicht mit Worten verständigen konnten, lernten wir, unsere Gedanken und Gefühle auf andere Arten auszudrücken, so dass wir einander verstehen konnten. Berührungen waren dabei der beste Weg.

Diese Menschen, die nicht hören konnten, verstanden es meisterhaft, uns mitzuteilen, wie viel wir ihnen bedeuteten. Es war, als ob es eine direkte Verbindung zwischen ihrem Herzen und ihren Händen und Körpern gäbe. Wenn ihre Haut unsere Haut berührte, dann machten sie damit irgendwie eine Aussage, die völlig eindeutig war. Man verstand genau, was sie wollten und wie wichtig es ihnen war. Es wirkte, als verständigten sie sich untereinander und dann auch mit uns in einer Weise von Herz zu Herz, wie es nur wenige hörende und sprechende Menschen je gelernt haben.

Diese sechsjährige Erfahrung verschaffte Marylyn und mir eine ganz neue Einschätzung über die Rolle, die Berührungen in unserer Ehe spielten. Wir gelangten zu der Überzeugung, dass viele der tiefsten Gedanken und Gefühle zwischen uns nicht durch Worte vermittelt werden können. Sie brauchen eine stärkere Sprache, die Sprache der Berührung.

Aus diesem Grund hat die Sexualität einen so wichtigen Platz, wenn es darum geht, Liebe weiterzugeben. Ohne Worte kann die sexuelle Liebe so großartig ausdrücken, was im Inneren eines Menschen vor sich geht, dass sie zwei Herzen fest aneinander bindet. Ich bin davon überzeugt, dass man die Kunst der körperlichen Berührung beherrschen muss, wenn man die gegenseitige Liebe in der Ehe voll auskosten will.

Wenn man einen Menschen wirklich liebt, ist es nicht leicht, ihm das auf eine Weise zu sagen, die der Tiefe der eigenen Gefühle entspricht. Worte sind überaus wichtig, aber meistens reichen sie nicht aus.

Diese inneren Gefühle, die aus dem Herzen kommen, brauchen die Wärme von Wange an Wange, Lippen an Lippen, Körper an Körper, Hand in Hand – Berührungen jeder Art und so oft wie möglich. Nur auf diese Weise kann man einander von unsterblicher Liebe und ewiger Treue überzeugen.

Romantische Momente, Zärtlichkeit und Sexualität

Ich habe bereits angedeutet, dass Zärtlichkeit, Romantik und erfüllender Sex zusammenhängen. Viele warme, zärtliche Berührungen fördern die Romantik, und Romantik trägt dazu bei, dass man den Sex genießt. Berührungen und andere romantische Handlungen offenbaren Ihrem Partner Ihre tiefsten Gefühle der Liebe, Fürsorge und Treue.

Wenn die Herzen zweier Liebender voller selbstloser und hingebungsvoller Gefühle sind und wenn es ihnen gelungen ist, einander diese positiven Empfindungen zu vermitteln, dann sind sie für die überragendste Form der menschlichen Berührung und ehelichen Verbindung bereit.

Eheliche Sexualität zwischen zwei Menschen, deren Leben eng miteinander verbunden ist, ist die intimste Form, Liebe weiterzugeben. Sie erlaubt beiden Partnern zu offenbaren, was in ihrem tiefsten Innern vor sich geht. Und wenn einem diese höchste Form der Berührung gelingt, dann kann man sehr stark davon ausgehen, dass man alle vorherigen Schritte, wie man seine Liebe körperlich ausdrücken kann, gut bewältigt hat.

Guter Sex setzt eine Herzensverbindung zwischen zwei Partnern voraus. Diese Wahrheit kann gar nicht genug betont werden. Damit es mit dem Sex in der Ehe klappt, ist eine Harmonie zwischen Seele und Körper nötig.

Ich hatte einmal eine Frau in Therapie, Monica, die sich darüber beklagte, dass sie und ihr Mann keine sexuelle Übereinstimmung erlebten.

»Brad beschwert sich, dass ich sexuell total verschlossen bin«, sagte sie mit leiser Stimme, »und vermutlich hat er Recht. Seit den Anfängen unserer Ehe habe ich kein großes Interesse an Sex mehr. Aber ich denke, dass Brad mir widersprüchliche Botschaften sendet.«

Es folgte ein langes Schweigen, und ich wartete, bis Monica ihre Gedanken geordnet hatte. Nach einigen Augenblicken fuhr sie fort: »Ich bin einfach nicht überzeugt, dass er mich wirklich liebt und dass er im tiefsten Inneren mit mir verbunden ist, und solange ich mir dessen nicht sicher bin, kann ich mich sexuell nicht öffnen.«

»Aha«, sagte ich, »und hatten Sie und Brad denn jemals eine gute sexuelle Beziehung, in der Sie beide das Gefühl hatten, dass sie miteinander im Einklang waren und dass die tiefsten Bedürfnisse auf beiden Seiten gestillt wurden?«

»Am Anfang war es so«, erklärte Monica. »Brad verbrachte sehr viel Zeit mit mir und erzählte mir, was in ihm vorging. Er hielt mich stundenlang im Arm, spann seine Träume für unsere gemeinsame Zukunft und sagte mir, dass er immer bei mir bleiben und mir treu sein würde. Ich fühlte mich so wunderbar, wenn ich mit ihm zusammen war.«

»Wodurch wurden dieser wundervolle Austausch und die enge Gemeinschaft dann beeinträchtigt?«, fragte ich.

Sie überlegte eine Weile und sagte dann: »Wir arbeiteten beide außer Haus, und als wir beruflichen Erfolg hatten, investierten wir weniger Zeit und Kraft in unsere Beziehung. Wir entfernten uns irgendwie voneinander. Mit der Zeit wusste ich immer weniger von Brad.«

»Und an diesem Punkt verschlechterte sich Ihr Sexualleben?«

»Ich würde nicht von *verschlechtern* reden«, sagte Monica und sah zu mir auf. »Es war viel schlimmer – es war eher, als würde es ganz aufhören.«

Geschichten wie diese habe ich in meiner Praxis schon Hunderte Male gehört. Sie hängen mit dem Bedürfnis einer Frau zusammen, sich in der Beziehung zu einem Mann sicher zu fühlen, zu erfahren, dass seine Liebe und Verbindung zu ihr ganz tief geht, in ihren Knochen und Muskeln zu spüren, dass er ein Leben lang für sie da sein wird. Wenn sie den Zugang zu seiner inneren Welt verliert, löst sich ihr Gefühl der Sicherheit schnell in Luft auf. Sexuelle Begegnungen geben ihr das Gefühl der Verletzlichkeit, und sie möchte sich gegenüber einem Mann nicht so verletzlich fühlen, dem sie auch nur eine Spur von Gleichgültigkeit oder Unverbindlichkeit in der Beziehung zu ihr abspürt. Sexualität vervielfältigt die stärksten Gefühle einer Frau – Verletzlichkeit oder Sicherheit, Fremdheit oder Nähe.

Monica ging in ihrer Erfahrung von Verletzlichkeit völlig unter. Ich sagte ihr: »Ich kann Ihren Schmerz und Ihre Frustration über Ihre fehlende sexuelle Intimität spüren, aber ich glaube, dass Ihre Schwierigkeiten in diesem Bereich nur das Symptom eines größeren Problems sind. In Ihrer Beziehung zu Brad fehlen Nähe und Wärme, also können Sie kaum erwarten, in Ihrem Ehebett die große Seligkeit zu erfahren. Ich habe aber auch eine gute Nachricht für Sie: Ich vermute stark, dass Ihre sexuellen Probleme sich größtenteils von allein lösen werden, wenn Sie und Brad wieder innerlich verbunden sind, wenn die Liebe und Romantik zwischen Ihnen neu auflebt.«

Ein Gefühl der Verbindlichkeit ist der Schlüssel zur sexuellen Erfüllung der Frau

Weil eine Frau Kinder bekommt und weil es meist ein so bedeutender und umfassender Teil ihres Lebens wird, Kinder aufzuziehen, will sie bewusst oder unbewusst sicherstellen, dass ihr sexuelles Verhältnis auf dauerhafte Liebe gegründet ist. Wenn das nicht der Fall ist, wird sie von einem Gefühl der Unsicherheit überwältigt; es wird einen Punkt in ihrem Inneren geben, der die enorme Verantwortung erkennt, die damit verbunden ist, ein Kind allein aufzuziehen.

Wenn eine Frau nicht glaubt, dass ein Mann in seinem Denken und Fühlen grundsätzlich auf eine dauerhafte Partnerschaft mit ihr eingestellt ist, wird sie im sexuellen Bereich automatisch zurückhaltend und versucht, sich selbst zu schützen. Mir ist klar, dass viele Frauen die wahren Gefühle und Absichten eines Mannes missverstehen oder sich von falschen Versprechungen täuschen lassen. Das ändert jedoch nichts an den Tatsachen: Ganz instinktiv möchte eine Frau ihren Körper nur dann einem Mann schenken, wenn sie darauf vertrauen kann, dass er verbindlich bei ihr bleiben wird.

Um mit ihrer Verletzlichkeit klarzukommen, bittet eine Frau ihren Mann vielleicht manchmal, mehr mit ihr zu reden. Sie möchte, dass ihr Mann sie an dem teilhaben lässt, was in seinem Inneren geschieht, vor allem an jenen Gedanken und Gefühlen, die ihre Partnerschaft, ihre Liebesbeziehung betreffen. Tief in ihrem Inneren ist sich eine Frau bewusst, dass die sexuelle Beziehung immer nur so weit gehen sollte wie die Verbindlichkeit der Liebesbeziehung.

Manchmal hat ein Mann eine sehr tiefe und liebevolle Bindung an seine Frau, aber er zeigt dies nicht auf angemessene Weise. Im Grunde hängt die sexuelle Beteiligung einer Frau davon ab, in welchem Maß der Mann sie von seiner Liebe und dauerhaften Bindung überzeugen kann.

Vielleicht trifft es für eine Frau mehr zu als für einen Mann, aber in einer Ehe ist eine gut funktionierende romantische Beziehung die Voraussetzung für eine gute sexuelle Beziehung. Romantik hat sehr viel damit zu tun, *Gefühle körperlich zum Ausdruck zu bringen.* In jeder Ehe beruht ein ausgezeichnetes sexuelles Zusammenspiel auf den tiefsten Gedanken und Gefühlen der Beteiligten *und* darauf, dass diese Gedanken und Gefühle dem Partner erfolgreich vermittelt werden. Ohne diese emotionale Grundlage verliert die Sexualität ihre Bedeutung und ihre Freude.

Das Verhalten des Mannes ist in der sexuellen Beziehung entscheidend

Meine langjährigen Partner in der psychotherapeutischen Praxis, Dr. Clifford und Joyce Penner, haben ein wunderbares Buch für Männer geschrieben, in dem es um ihre einzigartige Rolle im ehelichen Sexualleben geht. Das Buch heißt *Glücklich intim – Erfüllte Sexualität mit meiner Frau*[10], und die Penners beschreiben darin bestimmte Verhaltensweisen, die einerseits dazu führen, dass die sexuellen Bedürfnisse der Männer befriedigt werden, und andererseits die Wahrscheinlichkeit erhöhen, dass die Männer den Bedürfnissen der Frauen gerecht werden.

Im Mittelpunkt der zehn Empfehlungen der Penners steht der Gedanke: »Der wichtigste Faktor für die Entwicklung einer erfüllten sexuellen Beziehung in der Ehe dreht sich um die Rolle des Mannes.« Die Penners haben festgestellt, dass sich die sexuellen Muster in einer Ehe gravierend zu verändern beginnen, wenn der Mann sich ändert, selbst wenn es die Frau ist, die eine erfüllte sexuelle Beziehung verhindert.

Um die eheliche Sexualität zu verbessern, sollte sich der Mann den Bedürfnissen der Frau nähern. Wenn ein Mann möglichst viele der geistigen und seelischen Bedürfnisse seiner Frau wahrnimmt, kann er sich in seinem Verhalten viel besser auf sie einstellen.

Der Mann muss seiner Frau vermitteln, wie attraktiv er sie findet, wie sehr er sie als Person schätzt. Und er muss sehr genau darauf achten, was sie sich wünscht. Die Penners raten jedem Ehemann, sich beim Sex sehr behutsam zu verhalten. Wie das aussehen kann, lässt sich am besten durch ein Bild verdeutlichen: Ein Mann und eine Frau fahren mit ihren Fahrrädern eine Straße hinunter. Die Frau ist ein kleines Stück voraus, und der Mann fährt mit seinem Vorderrad direkt hinter ihrem Hinterrad. Er ist nicht weit hinter ihr, aber er überlässt ihr die Führung.

Der Mann muss in seiner sexuellen Beteiligung anpassungsfähig bleiben, ohne einen festen Plan, in welcher Reihenfolge die Dinge abzulaufen haben.

Ein Mann versucht vielleicht, ein Rezept zu finden und es dann zu befolgen. Das funktioniert meistens nicht, weil sich die sexuellen Wünsche, Bedürfnisse und Reaktionen einer Frau nicht von einem zum nächsten Mal vorhersehen lassen.

Im Lauf meiner beruflichen Tätigkeit bin ich immer mehr zu der Überzeugung gelangt, dass Sex für einen Mann auf Dauer niemals erfüllend sein kann, wenn nicht auch die wesentlichen Bedürfnisse seiner Frau befriedigt werden. Buchstäblich jeder Mann, der mir in der Psychotherapie begegnet, erzählt mir die gleiche Geschichte: Er kann mit der sexuellen Beziehung nicht zufrieden sein, solange er nicht weiß, dass er seine Frau zufrieden stellt.

Bei jeder sexuellen Erfahrung besteht die Erwartung, dass sowohl der Mann als auch seine Frau befriedigt werden. Die Frau muss in der Lage sein, einen Orgasmus zu erleben, wenn sie einen haben möchte, aber die grundlegende Voraussetzung für beiderseitige Befriedigung ist das tiefe Empfinden persönlicher Nähe und Wärme.

Es ist klar, dass sich all diese Nähe und Wärme wunderbar durch die verschiedenen Arten der körperlichen Berührung zum Ausdruck bringen lässt. Wenn ein Mann und eine Frau lernen, sich rücksichtsvoll und sanft zu berühren, geht vieles in ihrer Partnerschaft in eine positive Richtung.

Liebe und Sex in einer gelungenen Ehebeziehung

Zu Beginn dieser Woche sprach ich mit einem Paar, das mir von seiner zerbrechenden Beziehung erzählte.

»Es fing alles damit an, dass Bart und ich zu seinen Eltern nach North Carolina fuhren«, sagte Jessica. »Das war vor zwei Jahren, nur wenige Monate nach unserer Hochzeit, und es wurde offensichtlich, dass Bart sich mit seiner Liebe zu mir nicht wohl fühlt, wenn wir in der Nähe seiner Eltern sind. Er wurde wie ein Fremder für mich. Wir blieben zwei Wochen dort, und danach fühlte ich mich weit entfernt und völlig abgeschnitten von ihm.«

»Damit fängst du die ganze Zeit an!«, gab Bart mit blitzenden Augen zurück. »Hört das denn niemals auf? Ich habe so die Nase voll von deinem ewigen Gejammer, was ich alles nicht für dich tue, wie leer du dich fühlst, wie einsam du bist, weil dir die Verbindung zu mir fehlt. Ich will dir mal eines ganz klar sagen: Ich fühle mich von dir auch nicht geliebt. Ich habe nicht den Eindruck, dass du mir näher kommst. Und wenn sich daran nicht bald etwas ändert, weiß ich auch nicht, warum ich überhaupt noch dableiben sollte.«

»Na klar, und wenn du gehst, dann vergiss nicht, deinen Hund mitzunehmen!«, schrie Jessica Bart geradezu ins Gesicht. Dann sagte sie zu mir: »Dr. Warren, er liebt seinen Golden Retriever viel mehr als mich. Er geht auf jeden Fall wesentlich zärtlicher mit dem Hund um als mit mir – «

»Vielleicht liegt das daran, dass *er* meine Zuneigung erwidert!«, schoss Bart zurück.

O weh! Ich beendete ihren unfairen Schlagabtausch ganz schnell. Um es milde auszudrücken: Pauschale Vorwürfe und vernichtende Bemerkungen tragen nicht dazu bei, eine angeschlagene Beziehung in Ordnung zu bringen.

Wie konnten sich zwei Menschen – die einander vor nur wenigen Jahren offensichtlich sehr anziehend gefunden hatten – so schnell auseinander leben? Nach zwei Ehejahren klagten sie darüber, dass es zwischen ihnen keine Berührungspunkte mehr gab – sowohl im wörtlichen als auch im übertragenen Sinn. Ich wusste, an welcher Stelle wir anfangen und wohin wir gehen mussten. Wir mussten mit einer Wiederentdeckung ihrer verschütteten Gefühle füreinander beginnen, und wir mussten an einen Punkt gelangen, wo diese Gefühle wieder warm und erfüllend wurden.

Wenn ihre Gefühle füreinander zurückkehren, wird es im Wesentlichen darum gehen, den beiden beizubringen, wie sie diese Gefühle deutlicher zum Ausdruck bringen können als vor zweieinhalb Jahren. Diesen Weg zur Heilung habe ich schon Tausenden von Paaren gezeigt. Fangen Sie mit Ihrem eigenen Inneren an, vertiefen Sie alles, was in der Beziehung gut lief, und dann sind Sie bereit für eine enge Gemeinschaft mit Ihrem Partner.

Körperliche Berührungen sind ein wunderbares Mittel, liebevolle Gefühle weiterzugeben. Ohne diese liebevollen Gefühle bleiben Berührungen jedoch etwas rein Äußerliches, das keine Bedeutung hat. Wenn die Liebe dann aber zurückkehrt, ist es Zeit, ganz bewusst auf das Berühren und Festhalten zu achten. Es gibt nichts Besseres, um das Gefühl der Zusammengehörigkeit und Zuneigung zu zeigen.

Wenn Sie und Ihr Partner einander in herzlicher Zuneigung verbunden sind, dann sollten Sie das bei jeder Gelegenheit zum Ausdruck bringen, indem Sie nach der Hand des anderen fassen und sie halten, sich gegenseitig den Rücken massieren, sich oft umarmen und das Gesicht des anderen zärtlich und sanft berühren.

Berührungen können ein starkes Ausdrucksmittel in der ehelichen Kommunikation sein. Wenn Sie einander berühren, erzählen Sie von der grenzenlosen Liebe und der ewigen Treue, die zwischen Ihnen herrscht.

Erweitern Sie Ihre Ehe um die Dimension des Geistlichen

Stellen Sie sich vor, Sie und Ihr Ehepartner liegen an einem langen weißen Strand auf Hawaii. Weit und breit scheint es kein menschliches Wesen außer Ihnen zu geben. Sie fühlen die Sonne warm auf Ihrer Haut, aber nicht zu warm. Eine leichte Brise umweht Sie kühl, aber nicht zu kühl. Der salzige Geruch der Luft macht Ihnen bewusst, was für ein riesengroßer Ozean sich vor Ihnen erstreckt. Sie liegen mit dem Menschen den Sie am meisten lieben, an einem weißen Strand auf Hawaii in der Sonne, und Ihre Gedanken bewegen sich plötzlich über die Tiefe Ihrer Sonnenbräune, den Schnorchelausflug den Sie später machen wollen, und das Strandfest heute Abend hinaus. Erhabene, großartige Überlegungen füllen Ihren Kopf.

»Schau dir nur mal den Himmel an!«, sagen Sie zu Ihrem Partner. »Sich vorzustellen, wie riesig er ist und was dahinter alles sein könnte – das kann man überhaupt nicht fassen.« Und dann starren Sie beide 90 Sekunden lang schweigend in den blassblauen Raum.

»Ich kann es irgendwie gar nicht begreifen, dass man eine Rakete in den Himmel schicken könnte und sie dann endlos weiterfliegen würde, ohne eine äußere Grenze zu erreichen.«

Ihr Partner greift den Faden sofort auf, weil Ihre Worte ihn zum Nachdenken gebracht haben.

»Ich weiß, was du meinst«, sagt er und schaut noch immer in den Himmel. »Und ich habe gehört, dass es die gleiche Grenzenlosigkeit auch im Bereich der kleinsten Dinge gibt. Meine Freundin Jeri erzählte mir neulich von ihren wissenschaftlichen Forschungen. Es gibt keine Anzeichen dafür, dass die Größe des Weltalls begrenzt ist, und das Gleiche gilt für die Winzigkeit im mikroskopischen Bereich.«

Sie denken eine Weile darüber nach und sagen dann: »Ich habe neulich in einer Zeitschrift gelesen, dass immer mehr Wissenschaftler zu der Überzeugung gelangen, dass es hinter all diesen Dingen einen Schöpfer geben muss. Der Artikel wertete neuere Entdeckungen über die Kompliziertheit der Natur als Hinweis darauf, dass sie nicht ohne Ziel und Planung entstanden sein kann, sondern von jemand ins Leben gerufen worden sein muss.«

»Ich weiß«, sagt Ihr Partner, »und der Gedanke, dass eine *Person* hinter all diesen Dingen steht, dass diese Person Gesetze und Prinzipien aufgestellt hat, die nicht nur den Weltraum bestimmen, sondern auch das, was in unserem Leben geschieht – diese Vorstellung beeindruckt mich sehr.«

»Ich verstehe gar nicht, wie jemand leugnen kann, dass es eine geistliche Dimension gibt«, erwidern Sie. »Je länger ich lebe und sehe, was für Entdeckungen die Wissenschaft macht, desto mehr denke ich, dass manches an meinem Kinderglauben gar nicht so falsch war.«

»Glaubst du denn an einen Gott, der sich persönlich für dich interessiert?«, fragt Ihr Partner leise.

Dies ist eindeutig die wichtigste Frage, die Ihnen seit langem gestellt wurde, und Sie brauchen etwas Zeit, bevor Sie antworten.

Schließlich hören Sie sich selbst sagen: »Ich muss dir gestehen, dass ich meinen Glauben in letzter Zeit wieder ernster genommen habe. Ich hab es dir nicht erzählt, aber ich bete jeden Tag darum, in diesen verwirrenden Fragen weiterzukommen und sie besser zu verstehen. Und wenn ich im Büro bin, lese ich auch in der Bibel. Tief in meinem Inneren sehne ich mich verzweifelt danach, mit dem Gott des Universums in Berührung zu kommen.«

»Mir geht es ähnlich«, sagt Ihr Partner. »Wenn ich daran denke, dass meine Mutter bald sterben wird, frage ich mich, was wohl mit ihr geschehen wird. Wird es irgendwie ein *anderes* Leben für sie geben, in der ihre Identität sich fortsetzt? Ich glaube daran. Und du?«

An diesem Strand auf Hawaii mit der Wärme der Sonne auf der Haut und der salzigen Luft, die Sie an den Ozean zu Ihren Füßen erinnert, unterhalten Sie und Ihr Schatz sich über ein Thema, das für Sie beide vielleicht das wichtigste Thema überhaupt ist.

Warum gemeinsame geistliche Erfahrungen die Ehe so sehr bereichern

Wenn ein Mann und eine Frau gemeinsam über geistliche Fragen nachdenken, entsteht zwischen ihren Seelen ein unsichtbares Band. Wenn sie herausfinden, dass sich ihre Gedanken und Gefühle decken, übernehmen sie gewissermaßen einen gemeinsamen Rahmen für ihr menschliches Dasein. Das kann sie so stark miteinander verbinden und ihnen eine gemeinsame Identität geben wie keine andere Dimension des Ehelebens.

Ein geistliches Verständnis für die entscheidenden Lebensfragen schafft ganz neue emotionale Bedingungen für das gemeinsame Leben, das zwei Menschen sich aufbauen. Farbe und Form ihrer Erfahrungen nehmen im Licht des Glaubens ein völlig anderes Gesicht an.

Wenn zwei Menschen zum Beispiel mit der Begrenztheit des menschlichen Lebens konfrontiert werden, weil sie mit dem eigenen Tod oder dem Tod eines geliebten Menschen rechnen müssen, dann schenkt der gemeinsame Glaube ihnen Geborgenheit und leitet sie durch die stürmische Erfahrung. In schweren Zeiten wird die Last der Sorgen leichter, und in guten Zeiten bleibt das Leben spannend, wenn ein Ehepaar seine Situation geistlich betrachtet.

Allein schon die Vorstellung, dass die menschliche Existenz nicht auf das Materielle beschränkt ist und dass die Identität eines Menschen weiterbestehen kann, nachdem der Körper verwest ist, ist so großartig und wunderbar wie die Annahme, dass das All grenzenlos ist. Wenn zwei Liebende sich nun zusammen entscheiden, daran zu glauben, dass eine Person über die unendliche Schöpfung regiert, dass diese Person sie bewusst geschaffen und einen Plan für sie hat, dass diese Person leidenschaftlich an ihnen interessiert ist, dass Gott eine persönliche Beziehung zu ihnen haben will, dann gewinnt ihre Ehe dadurch eine Dimension, die durch nichts ersetzt werden kann.

Indem sie die geistliche Perspektive ihres Lebens erforschen und klären, denken die Ehepartner ganz grundsätzlich über die Bedingungen ihres Menschseins nach. Auf diese Weise schaffen sie sich einen weiten und aufregenden Raum, in dem sie zusammen leben und sterben können. Und innerhalb dieses Raums bewegen sich eine Frau und ein Mann sehr schnell auf den Punkt zu, an dem sie eins werden. Ich habe das in meiner eigenen Ehe unzählige Male beobachtet, und auch in den Ehen der Menschen, die mir in meinem Büro begegnet sind.

Was ist die »geistliche Dimension«?

Manche Menschen, ich eingeschlossen, reden oft über geistliche Dinge, ohne groß zu überlegen und zu begreifen, wie interessant und außergewöhnlich allein die Vorstellung des Geistlichen ist. Etwas Geistliches kann man nicht sehen. Geistliche Phänomene überschreiten die meisten normalen Begrenzungen, mit denen wir leben. Geistliche Kräfte kommen aus einer anderen Welt. Es ist eine Dimension, die sich total von unserer greifbaren, handfesten Welt abhebt und die doch in sie eingreift. Eine völlig andere Sichtweise ist nötig, um die geistliche Dimension des Lebens zu erfassen.

Unsere Gesellschaft wird von materiellen Erklärungen und Beweggründen bestimmt. Wir glauben meistens an alles, was man anschauen, anfassen oder beweisen kann. Obwohl die meisten Menschen sich in Umfragen zum Glauben an einen Gott bekennen, legen sie in den wesentlichen Lebensfragen eine vollkommen materialistische Einstellung an den Tag

Und doch wissen wir, dass Gott zunächst Geist ist. Wir können ihn nicht mit unseren Augen sehen, wir können ihn nicht mit unseren Händen anfassen, und wir können seine Existenz nicht durch wissenschaftliche Forschungen oder Experimente beweisen. Wenn wir an Gott glauben, dann glauben wir zumindest zum Teil an eine geistliche Dimension. Trotzdem vertrauen wir vielleicht nur in geringem Maß darauf, dass die geistliche Seite des Lebens den materiellen Bereich jemals beeinflusst oder sogar beherrscht. Es liegt uns vielleicht näher, davon auszugehen, dass unsere Existenz im Wesentlichen materiell ist, und wir haben vielleicht nur eine unbestimmte Ahnung, auf welche Weise geistliche Wirklichkeiten erfahrbar werden.

Stellen Sie sich zum Beispiel einmal vor, ein enger Freund von Ihnen wäre sehr krank. Was denken Sie über die Krankheit Ihres Freundes? Was sind aus Ihrer Sicht die notwendigen Schritte zu seiner Genesung? Wenn Ihre Einstellung eher materiell geprägt ist, glauben Sie wahrscheinlich, dass Ihr Freund die bestmögliche medizinische Versorgung braucht, die modernsten Behandlungsmethoden, viel Ruhe und viel Ermutigung und Unterstützung.

Wenn Sie dagegen eine geistliche Sichtweise haben, nehmen Sie wahrscheinlich – neben all diesen materiellen Dingen – an, dass geistliche Kräfte eingreifen und unabhängig vom normalen medizinischen Vorgehen eine umfassendere Heilung herbeiführen können.

Sie beten vielleicht zu Gott und bitten ihn, die Ärzte besonders auszurüsten, damit Sie Ihrem Freund helfen können. Sie bitten Gott vielleicht auch, die heilenden Kräfte im Körper Ihres Freundes zu verstärken und darüber hinaus zu wirken. Vielleicht bitten Sie Gott, eine besondere Heilung zu schenken, die alles übertrifft, was die Ärzte, die Krankenschwestern, das Krankenhaus und das Immunsystem Ihres Freundes leisten könnten.

Das ist zumindest ansatzweise das, was wir mit »geistlichen Dingen« meinen. Obwohl Geistliches und Körperlich-Materielles sich überschneiden können, kann das Geistliche auch als Dimension für sich auftreten. Man kann geistliche Erscheinungen nicht mit den Augen sehen und nicht mit den üblichen Mitteln beweisen, aber von der Wirksamkeit einer geistlichen Kraft kann man genauso überzeugt sein wie von materiellen Kräften. Es ist tatsächlich möglich, in die Existenz und Wahrheit der geistlichen Dimension genauso viel Vertrauen zu setzen wie in die materielle Wirklichkeit, wenn man entsprechende Erfahrungen gemacht hat.

Die geistliche Dimension ist oft eng mit den grundlegenden Fragen der menschlichen Existenz verknüpft, und darum ist sie von so enormer Bedeutung für unser Leben. Sie spielt eine entscheidende Rolle für unser Verständnis davon, warum wir auf der Welt sind, wer uns bevollmächtigt hat, Entscheidungen zu treffen und Verantwortung zu tragen, in welcher Beziehung wir zueinander stehen und welche Grenzen unser Dasein hat. Wenn wir uns ganz auf die geistliche Dimension einstellen, erkennen wir langsam, wie wichtig sie für die Gesundheit unserer Gefühls- und Gedankenwelt ist. Und wenn unser Verständnis für die geistliche Welt wächst, bekommt sie die Macht, unser Leben für immer zu verändern.

Für jede Ehe ist der Bereich des Geistlichen von größter Bedeutung

Eine Ehe kann nur dann wirklich harmonisch sein, wenn zwei Menschen eine ähnliche geistliche Perspektive haben. Der gelebte Glaube nimmt einen so großen Teil des Lebens ein, dass es eine Beziehung sehr belasten kann, wenn die Partner in ihrer geistlichen Orientierung nicht übereinstimmen.

Vor ein paar Monaten kamen Alan und Erica, beide Mitte Zwanzig, zu einem vorehelichen Beratungsgespräch zu mir. Sie waren seit anderthalb Jahren miteinander befreundet und passten in den meisten Bereichen sehr gut zusammen – in einer Sache gab es aber immer wieder Uneinigkeit, und Erica machte sich deshalb Sorgen.

»Ich liebe Alan sehr, und unsere Beziehung ist großartig, aber ich mache mir wirklich Sorgen über unsere unterschiedlichen Überzeugungen«, sagte Erica bei unserem ersten Treffen. »Alan weiß nicht, ob er an Gott glaubt, während für mich Gott so real ist wie meine Mutter und mein Vater. Mein Glaube gehört ganz eng zu meiner Persönlichkeit und prägt meine Vorstellungen von meinem Leben.«

Alan rutschte ungeduldig hin und her, während sie sprach. »Hör zu, Erica«, sagte er, »ich habe dich schon oft darüber klagen hören. All das haben wir doch durchgesprochen, und ich habe dir erklärt, dass ich gern bereit bin, mit dir zur Kirche zu gehen, unsere Kinder in die Kirche zu schicken und sogar unser Geld der Kirche zu geben. Was soll ich denn sonst noch tun?«

»Aber Alan, ich rede doch nicht davon, zur Kirche zu gehen«, antwortete Erica. »Ich denke nicht, dass du wirklich an Gott glaubst. Du behauptest, du *wüsstest* es nicht. Tatsache ist aber, dass du gar kein Interesse an religiösen Fragen zeigst und auch nicht gern über dieses Thema diskutierst. Und als deine Mutter im letzten Frühjahr so krank war, kamst du nicht einmal auf den Gedanken, für sie zu beten.«

Man konnte sehen, dass Alan langsam ärgerlich wurde. Er seufzte tief und sagte: »Erica, du hörst dich allmählich an wie eine Platte mit Sprung! Wir haben schon tausendmal darüber geredet. Auf diesem Gebiet sind wir einfach verschieden. Für dich ist Gott wirklich, für mich nicht. Du betest die ganze Zeit, aber damit kann ich nichts anfangen. Ich lasse dir die völlige Freiheit, deinem Glauben nachzugehen – und ich hätte gern die Freiheit, dies nicht zu tun. Können wir uns nicht einfach so akzeptieren, wie wir sind? Müssen wir so einen Wirbel um diesen *einen* Bereich in unserem gemeinsamen Leben machen?«

Erica sah lange zu Boden, und ich dachte, sie sei in Gedanken versunken. Sie hatte jedoch leise zu weinen begonnen. In dieser Situation wusste sie offensichtlich weder aus noch ein. Wenn sie diesen Mann heiratete, der ihr so viel bedeutete, dann würde ihr ganzes Glaubensleben eine Sache sein, die sie für sich behalten musste. Wie könnte sie ihre Gedanken offen und ehrlich mit Alan teilen? Vielleicht spürte sie auch, dass er mit der Zeit möglicherweise sogar versuchen würde, sie von ihrem Glauben abzubringen, und sie wusste, dass das ein schrecklich hoher Preis für sie wäre.

»Dr. Warren«, sagte sie durch ihre Tränen hindurch, »das ist genau der Grund, warum ich Alan bat, mit mir hier zu Ihnen zu kommen. Alan hat Recht. Wir haben die Sache schon tausendmal durchgekaut, aber wir scheinen keinen Fortschritt zu machen – zumindest nicht aus meiner Sicht. Was soll ich tun? Er und ich haben im religiösen Bereich so gut wie *nichts* gemeinsam. Was ich vermutlich hören will, ist Ihre Meinung, ob Einigkeit in geistlichen Dingen wirklich so wichtig für unser Glück und unsere Beziehung ist, wenn sie Bestand haben soll?«

Die kritische Frage nach der geistlichen Perspektive

In den folgenden Sitzungen mit Alan und Erica fing ich an, die vielen Seiten des Glaubens und persönlicher Überzeugungen zu beleuchten und zu erklären, auf welche Weise sie zu einer engen Verbindung und Verschmelzung zweier Menschen in der Ehe beiträgt. Ich sagte ihnen, dass man einige wichtige Punkte untersuchen muss, wenn man nach der Bedeutung der geistlichen Einheit für zwei Menschen fragt, die sich lieben.

Zum einen belegen Dutzende von Untersuchungen, dass eine Ehe dann am besten funktioniert, wenn zwei Menschen eine Menge Gemeinsamkeiten haben. Eine der wichtigsten Gemeinsamkeiten ist die Art, wie zwei Menschen die großen Lebensfragen – die grundlegenden Fragen, die jedes menschliche Wesen für sich beantworten muss – sehen und damit umgehen.

Wenn ein Partner glaubt, dass man alles, was geschieht, durch praktische oder materielle Faktoren erklären kann, werden sein Lebensstil, seine Persönlichkeit und seine Werte wesentlich von dieser Haltung geprägt sein. Wenn der andere Partner das Leben in einem materiellen *und* geistlichen Zusammenhang sieht und daran glaubt, dass Gott in das Leben von Menschen eingreift, wird er dem Leben mit einer ganz anderen Einstellung gegenüberstehen. Es liegt auf der Hand, dass sie in der Art, wie sie unzählige Geschehnisse von Tag zu Tag wahrnehmen, sehr weit voneinander entfernt sind.

Der Umgang mit geistlichen Dingen ist jedoch noch weit komplizierter. Es kann zum Beispiel sein, dass zwei Menschen den gleichen Glauben bekennen und sich doch völlig darin unterscheiden, wie sie Gott sehen. Für den einen ist Gott sehr fordernd und sogar ungehalten, während der andere ihn als liebevoll und freundlich, vergebungsbereit und hilfreich erlebt. Diese unterschiedliche Sicht kann ein großes Hindernis für eine innige Beziehung in der Ehe sein.

Manchmal gehen zwei Menschen in ihrer Meinung, wie Entscheidungen getroffen werden sollten, sehr weit auseinander. Der eine sucht durch Gebet und Meditation auf sehr subjektive Art nach geistlicher Leitung, während der andere Pro- und Kontralisten anfertigt, jede Situation analysiert und sich lieber auf seinen Verstand verlässt als auf subjektive Empfindungen.

Und zu guter Letzt können sich zwei Menschen darüber uneins sein, welche Rolle andere Leute für ihre geistliche Entwicklung spielen.

Ich kenne ein Ehepaar, dessen Glauben stark durch die Beziehung zu Verwandten oder zu anderen Verheirateten in der Gemeinde oder im Hauskreis beeinflusst wird. Die Frau zum Beispiel macht in geistlichen Fragen keinen Schritt nach vorn, ohne vorher die anderen um Rat zu fragen. Ihr Mann dagegen bleibt lieber für sich. Er steigt gern allein auf einen Hügel oder zieht sich in ein Zimmer zurück und macht die Tür hinter sich zu. Die Meinung anderer Leute bringt ihn überhaupt nicht weiter. Er fühlt sich in der Gemeinde nicht besonders wohl, aber er geht trotzdem hin, weil das seiner Frau für ihr Glaubensleben so viel bedeutet.

Fassen wir zusammen: Es macht einen großen Unterschied für zwei verheiratete Menschen, wenn es eine geistliche Dimension in ihrem Leben gibt. Wenn ein Partner sehr religiös ist und der andere ganz und gar nicht, kann es aufgrund dieser verschiedenen Einstellungen zu Problemen kommen, die die Ehe bedrohen. Aber selbst wenn der Glaube für beide Partner sehr wichtig ist, kann die unterschiedliche Art, wie sie ihn ausleben, ihre Einheit beeinträchtigen.

Nachdem wir uns diesem und vielen anderen Themen, die mit Religiosität zu tun haben, gewidmet hatten, kam Erica zu dem Schluss, dass sie Alan nicht heiraten konnte. Sie können sich vorstellen, dass diese Entscheidung für beide furchtbar schmerzhaft war. Ich hatte gehofft, Alan würde seine Meinung ändern und anfangen, sich ernsthaft für den Glauben zu interessieren. Er war aber weit davon entfernt, und am Ende war ich froh, dass Erica ihre Verlobung auflöste. Die fehlende Übereinstimmung in einem Bereich, der so wichtig und so umfassend ist wie dieser, wäre wie ein tonnenschweres Gewicht gewesen, das ihre Beziehung zeitlebens niedergedrückt hätte.

Fünf Vorschläge, wie Sie sich in Ihrer Ehe die geistliche Dimension stärker erschließen können

Durch meine jahrelange therapeutische Arbeit bin ich davon überzeugt, dass die geistliche Einheit für jedes Ehepaar von entscheidender Bedeutung ist. Aus diesem Grund lege ich solchen Wert darauf, dass jedes Paar, das gern heiraten möchte, sich unbedingt mit der Frage des Glaubens auseinander setzt. Wenn ein Paar in diesem Bereich gut zusammenpasst, wird ihr gemeinsames geistliches Leben für eine Menge positiven Treibstoff in ihrer Partnerschaft sorgen, das weiß ich. Wenn sie aber geistlich gesehen weit voneinander entfernt sind, ist in gleichem Maß ein negatives Potenzial vorhanden.

Manchmal denken Paare erst lange nach der Hochzeit darüber nach, ob sie in religiösen Fragen übereinstimmen. Vielleicht hat ihnen nie jemand geraten, sich einen Partner zu suchen, der ihren Glauben teilt. Wie auch immer, nun sind sie jedenfalls verheiratet und haben vielleicht sogar Kinder, und um ihre geistliche Einheit ist es schlecht bestellt.

Ich weiß, dass zwei Menschen sich im geistlichen Bereich einander anpassen können. Das fängt mit dem Wunsch an, diesen Teil ihrer Beziehung für beide so zu gestalten, dass beide mehr Zufriedenheit finden. Unter dieser Voraussetzung biete ich Ihnen fünf Vorschläge an, wie Sie eine geistliche Beziehung aufbauen können, die mehr Erfüllung bringt.

1. Beschäftigen Sie sich offen und vorurteilslos gemeinsam mit Glaubensfragen.

Stellen Sie sich vor, wie bereichernd es für Sie sein könnte, eine solche Erfahrung zu machen, wie ich sie zu Beginn des Kapitels beschrieb – zusammen an einem sonnigen Strand zu liegen und sich offen und nachdenklich mit den großen Fragen der menschlichen Existenz zu beschäftigen.

Die meisten Menschen finden es faszinierend, über die Dimensionen des Weltalls zu diskutieren. Die Möglichkeit, dass das All sich unendlich ausdehnt, regt meine Gedanken und meine Phantasie an. Und wenn zwei Menschen sich offen über diese grenzenlosen Möglichkeiten unterhalten, kommen sie nicht daran vorbei, auch über geistliche Fragen zu sprechen.

Ich ermutige Paare, lange Wanderungen in den Bergen zu machen, unterwegs eine Decke am Wegrand auszubreiten, sich hinzusetzen und zwanglos über die tieferen Fragen des Lebens zu sprechen, um die Sichtweise des anderen immer besser zu verstehen und bis in die kleinsten Einzelheiten zu erfassen, wie seine persönliche Meinung zu den großen Fragen aussieht.

2. *In Krisensituationen können Sie lernen, zusammen zu beten.*
In finanziellen oder gesundheitlichen Nöten entdecken zwei Menschen mit viel größerer Wahrscheinlichkeit als sonst, dass sie ein Herz und eine Seele sind. Ihr persönlicher oder familiärer Kummer kann den Widerstand ihrer Vernunft gegen den Glauben überwinden, und plötzlich sind sie bereit, Gott um Hilfe zu bitten.

Natürlich müssen wir nicht warten, bis das Unheil über uns hereinbricht, bevor wir Gott um Hilfe und Bewahrung bitten. Wir sehen ständig einer möglichen Katastrophe ins Auge, wenn wir uns einmal ehrlich eingestehen, wie verletzlich unser Leben ist.

Ich möchte Ihnen ein einfaches Beispiel geben: Marylyn und ich haben drei Töchter; diese sind mit drei Männern verheiratet, die wir sehr mögen. Und diese drei Ehepaare haben insgesamt neun Kinder, die uns sehr am Herzen liegen. Darüber hinaus empfinden wir für Marylyns Mutter und ihren Stiefvater große Zuneigung. Wenn einer dieser 17 Menschen schwer krank oder bei einem Unfall verletzt werden würde, wäre das für Marylyn und mich ganz furchtbar. Wir beten aus tiefstem Herzen für jeden von ihnen – und zwar *bevor* ihnen ein Unglück widerfährt. Marylyn und ich sind in unserer Liebe und den besten Wünschen für jeden dieser Menschen völlig eins – und das motiviert uns, für sie zu beten. Wir nehmen ganz bewusst an ihrem Leben Anteil, und das wirkt anregend auf unsere geistliche Gemeinschaft. Krisensituationen oder auch nur die Möglichkeit von Unglücksfällen können sich als fruchtbarer Boden für das eheliche Glaubensleben erweisen.

3. Suchen Sie sich eine kleine Gruppe Gleichgesinnter, um das geistliche Wachstum zu fördern.

Regelmäßige Gemeinschaft mit einer Gruppe von fünf oder sechs Ehepaaren, die vor ähnlichen Herausforderungen stehen und ähnliche Ziele haben wie Sie, und die sich bewusst sind, wie wichtig die geistliche Einheit für ihre Ehe ist, kann Ihr eigenes geistliches Wachstum beschleunigen.

Ich ermutige die Ehepaare, mit denen ich arbeite, sich mit anderen Paaren in ihrer Kirche oder Gemeinde, die ähnliche Wertvorstellungen haben und sich nach einer guten Ehe sehnen, näher anzufreunden.

Wenn die Gruppe menschlich und geistlich gesund ist, kann ihr Miteinander eine Ehe innerhalb kürzester Zeit weiter voranbringen als vieles andere.

4. Lesen Sie ein gutes Buch zusammen.

Wenn Sie jedoch Ihr geistliches Leben mit Ihrem Ehepartner vertiefen wollen, können Sie jede Anregung gut gebrauchen. Sehr gut geeignet sind vor allem erstklassige Bücher von einem Autor, der das Interesse beider Partner weckt.

Viele Menschen sind von den Büchern fasziniert, die C. S. Lewis geschrieben hat. Man kann sie wunderbar zusammen lesen und darüber diskutieren. Auch Philip Yanceys Bücher sind sehr beliebt, besonders *Der unbekannte Jesus* und *Gnade ist nicht nur ein Wort*[11].

Manche Ehepaare finden es ausgesprochen bereichernd, kurze Abschnitte aus der Bibel zusammen zu lesen. Das Gelesene regt ihr Gespräch an, und auf diese Weise fängt man an, eine gemeinsame geistliche Perspektive zu entwickeln. Ich kann es nur empfehlen, dass ein Ehepaar zu diesem Zweck eine moderne Bibelübersetzung oder -übertragung kauft, wie zum Beispiel *Die Gute Nachricht* oder *Hoffnung für alle*.

Marylyn und ich haben durch eine solche moderne Übersetzung ganz neu begriffen, welche Bedeutung die Bibel für unsere Ehe hat.

5. *Unterhalten Sie sich so oft wie möglich über Ihre gegenseitigen Gedanken, Vorstellungen und Empfindungen.*

In der ganzen Diskussion um die geistliche Dimension geht es letztendlich um Folgendes: Die Welt, in der wir leben, besteht im Wesentlichen aus äußerlichen und materiellen Dingen. Wenn man versucht, eine erfüllende Ehe aufzubauen, die allein auf die materielle Welt ausgerichtet ist – auf Haus, Auto, Kleider, beruflichen Erfolg –, dann kommt wahrscheinlich irgendwann der Punkt, an dem man tief enttäuscht ist. Diese Grundlage ist zu wackelig, und die schmerzhaften Lebenserfahrungen können eine Ehe zerbröckeln lassen.

Eine geistliche Orientierung hat mit unserem Inneren zu tun. Sie hängt mit der Suche nach einem tieferen Sinn und größerer Klarheit über grundlegende und ewige Ordnungen zusammen, die aber konkret auf unser alltägliches Leben einwirken. Eine Ehe, in der zwei Menschen ihre Erfahrungen, Gedanken, Anliegen und ihr Engagement in diesen Lebensbereichen miteinander teilen, ist meistens sehr stabil und bereichert im Laufe der Zeit beide Partner immer mehr.

Sich von der materiellen Welt wegzubewegen und sich der geistlichen Welt zuzuwenden, bringt eine Ehe vom Oberflächlichen zum Grundlegenden, vom Augenblicklichen zum Ewigen, führt zwei getrennte Einzelpersonen als Paar zusammen, das etwas ganz Wesentliches besitzt: tragfähige gemeinsame Überzeugungen.

Wenn Liebende auf den gleichen Glauben bauen, gedeihen sie geistlich besser als allein

In einer Umfrage unter 756 Erwachsenen, die im November 1994 von der amerikanischen Zeitschrift »Newsweek« durchgeführt wurde, sagten 58 %, sie hätten das Bedürfnis, geistlich zu wachsen. Glücklicher- oder unglücklicherweise kann man zahlreiche geistliche Wege einschlagen, um sich mit den grundlegenden Fragen des Lebens zu befassen. Abgesehen von der Tatsache, dass manche dieser Wege die seelische und eheliche Gesundheit gefährden können, muss man wissen, dass eine Ehe auseinander gerissen werden kann, wenn die beiden Partner verschiedene religiöse Überzeugungen pflegen.

Weil die geistliche Dimension in der Regel zum Thema wird, wenn es um die wichtigsten Dinge im Leben geht, ist dies genau der Punkt, an dem zwei Menschen, die sich lieben, miteinander übereinstimmen sollten. Wenn zum Beispiel einer eine religiöse Überzeugung verfolgt, in der Gott nicht vorkommt, während der andere regelmäßig zu Gott betet und seine Führung sucht, kann sich dieses Paar doch wohl kaum sehr nahe sein.

Marylyn und ich sind als Christen aufgewachsen, und darum stand Gott immer im Mittelpunkt unserer geistlichen Suche. Wir glauben an einen Gott, den wir unwiderstehlich anziehend finden. Unser Verständnis, wer Gott ist, haben wir durch die Beschäftigung mit dem jüdischen Zimmermann Jesus gewonnen. In den letzten Jahren ist uns Jesus als vollgültige Verkörperung des Gottes, der hinter der gesamten Schöpfung steht, immer wichtiger geworden.

Die Übereinstimmung, die wir in diesem Bereich erleben, trägt sehr viel zu unserer Ehe bei. Für uns bedeutet es unglaublich viel, dass wir in unserem geistlichen Streben so viel gemeinsam haben!

Was man durch einen gemeinsamen Glauben in der Ehe gewinnen kann

Eine wunderbare Ehe beruht vor allem auf übereinstimmenden Sichtweisen der Partner. Die wichtigsten Perspektiven stehen in Zusammenhang mit den zentralen Fragen des Lebens. Diese Fragen können oft nur geistlich beantwortet werden. Darum ist eine gemeinsame geistliche Sichtweise bei einem Ehepaar ganz wichtig für das Gefühl, miteinander eins zu sein.

Ich möchte Ihnen ein paar Beispiele nennen. Mir scheint, dass die wichtigste Frage im Leben die ist: Gibt es einen Sinn und ein Ziel für unsere Existenz, die über die paar Jahre hinausgehen, die wir auf dieser Erde leben? Oder eine ähnliche Frage: Gibt es jemanden oder etwas, das für all dies verantwortlich ist? Gibt es einen größeren Zusammenhang, in dem wir leben – der uns auf eine längere Zukunft hoffen lässt, als wir sie absehen können?

Wenn wir am Strand liegen und über den grenzenlosen Weltraum nachdenken, haben wir einen direkten Zugang zu unserer Sehnsucht, die Geheimnisse des Lebens zu verstehen. Was wir uns im Grunde fragen, ist: *Wer steht hinter all den Dingen? Wie ist dies alles entstanden?*

Unsere Versuche, glaubhafte Antworten zu finden, ziehen uns oft in eine geistliche Richtung. Wenn unsere Glaubensüberzeugungen mit der Wirklichkeit übereinstimmen, profitieren wir doch bestimmt davon. Zum Beispiel müssten wir in der Lage sein, unser Leben voller Energie und Leidenschaft zu leben. Es sollte unsere Ängste verringern, uns das Gefühl geben, dass unser Leben sinnvoll ist, uns mit größerer Freude und Zufriedenheit erfüllen, uns freundlicher und sanfter im Umgang mit anderen machen, uns ein größeres Zusammengehörigkeitsgefühl mit der gesamten Menschheit geben, uns höhere Werte schenken und so weiter und so weiter.

Das Ziel für jeden Menschen und jede Ehe ist eine geistliche Ausrichtung, in der wir all das gewinnen.

Ein persönliches Wort über meine eigene geistliche Orientierung

Obwohl ich religiös erzogen wurde, entwickelte ich das, was ich als gesunde geistliche Orientierung bezeichnen würde, erst, nachdem ich mehrere Jahre als Psychologe gearbeitet hatte. Das hat mich auf den Gedanken gebracht, dass »Religion« vielleicht oft einem gesunden Glauben im Weg steht.

Für mich fing alles damit an, dass ich mich intensiv mit dem Leben Jesu beschäftigte. Als ich auf die fundamentale Einsicht des Apostels Paulus stieß, dass Jesus *das Ebenbild des unsichtbaren Gottes* ist, beschloss ich, meine ganze Aufmerksamkeit auf den Zimmermann aus Nazareth zu richten.

Ich war überwältigt von dem, was ich herausfand. Er machte mich mit einem Gott bekannt, der ganz genau zu allem passte, was ich als Psychologe miterlebt hatte.

Ich habe gesehen, wie Tausende von Menschen Heilung erlebten, wenn sie Gottes Liebe für sich persönlich in Anspruch nahmen und in der Folge eine gute, ausgeprägte Liebe zu sich selbst entwickelten. Jesus sagt ihnen, dass Gott Liebe ist, dass seine Liebe für sie zuverlässig ist und nicht aufhört, dass er sich nach einer engen persönlichen Beziehung zu ihnen sehnt und dass er ihnen gerne immer wieder vergibt, um dieses Ziel zu erreichen.

Als ich das zu verstehen begann und als Marylyn und ich anfingen, dies in seiner vollen Bedeutung zu begreifen, wurde unser Leben für immer verändert.

Wenn der Glaube den richtigen Platz in Ihrer Ehe hat, wird auch alles andere in Ordnung kommen

Hier noch ein letztes Wort: Es gibt nichts in Ihrer Ehe, was auch nur annähernd so viel Bedeutung hat wie ein gesundes geistliches Leben.

Wenn Sie beide anfangen, das ganze Leben im Licht eines übereinstimmenden Glaubens zu sehen, dann werden Ihre gemeinsamen Tage voller Kraft und voller Sinn sein.

Gehen Sie Konflikte in Ihrer Ehe an – es lohnt sich

Ich möchte Ihnen ein paar Fragen stellen und Sie bitten, nicht lange darüber nachzudenken, sondern ganz spontan zu antworten.

Halten Sie Konflikte in der Ehe für gut oder für schlecht?

Sind Meinungsverschiedenheiten zwischen Ehepartnern für Sie etwas Nützliches oder etwas Schädliches?

Was sagt es über ein Ehepaar aus, wenn es häufig streitet?

Wenn Sie Streit in der Ehe als etwas Negatives betrachten – wie es die meisten Menschen tun –, dann hoffe ich, dass Sie nach diesem Kapitel eine andere Meinung haben. Ich möchte von vornherein klarstellen, wie ich dazu stehe: Ich glaube, dass eheliche Konflikte eine wertvolle Hilfe für Ehepartner darstellen können, die sich ganz von selbst eröffnet – wenn sie lernen, klug damit umzugehen.

Aus dieser Quelle kann ein ständiger Strom gesunder Energie und Lebenskraft in eine Ehe fließen. Da Auseinandersetzungen unvermeidlich und für jede Beziehung wichtig sind, muss man das Gute, das darin liegt, schnell verwerten. Danach sollte man den Streit sofort beilegen.

Wenn Sie und Ihr Partner die Kunst erlernen, wie man eine Auseinandersetzung zu etwas Konstruktivem machen kann, schaffen Sie damit einen Freiraum, in dem sich jeder von Ihnen in seiner Einzigartigkeit entfalten kann. Darüber hinaus werden Sie buchstäblich alles beseitigen, was Ihre Beziehung nach unten ziehen könnte. Sie werden großzügig mit Energie versorgt, und das gibt Ihrer Verbindung positiven Schub.

Auseinandersetzungen in der Ehe sind so wichtig wie unausweichlich

Letztes Jahr rief mich Shannon an. Am Telefon erzählte mir diese Mutter und Hausfrau, dass sie und ihr Mann Craig, ein Mathematiklehrer, eine zunehmend kühle und distanzierte Beziehung zueinander hätten. Sie sagte, ihr Zuhause sei ein »schaurig stilles Kriegsgebiet« geworden.

Bei unserer ersten Sitzung griff ich ihre Beschreibung auf und bat beide, mir die Situation genauer zu erklären.

»Man könnte vielleicht sagen, dass wir beide eine Art kalten Krieg führen«, sagte Shannon. »Es gibt keine offene Auseinandersetzung, wir explodieren nicht im Streit und greifen uns verbal nicht an. Wir gehen einfach beide auf Abstand. Wir wissen, wo die feindlichen Linien verlaufen und halten uns in sicherer Entfernung davon auf.«

Craigs Einschätzung klang weniger militärisch, aber genauso beunruhigend. »Wir reden einfach nicht miteinander, außer wenn es um Rechnungen geht oder man absprechen muss, wer die Kinder zum Fußballtraining fährt oder wer das Auto in die Werkstatt bringt«, erklärte er. »Ich glaube, in uns kocht und schäumt es fast ständig, aber wir ertragen es schweigend.«

»Genau so ist es«, pflichtete Shannon ihm bei, »die Kinder wissen vielleicht gar nicht, wie wütend wir die meiste Zeit sind. Wir bringen es nicht laut und klar zum Ausdruck. Aber *wir* wissen, wie frustriert und gereizt wir uns fühlen.«

Craig und Shannon redeten eine halbe Stunde lang über die Unstimmigkeiten in ihrer Ehe – Unstimmigkeiten, die sie fast niemals in Angriff nahmen oder formulierten. Sie gaben bereitwillig zu, dass sie nicht in der Lage waren, damit umzugehen. Angesichts der Sackgasse, in der sie sich befanden, fühlten sie sich völlig hilflos. Konflikte waren für sie keine natürliche Energiequelle, sondern drohten ihre Beziehung zu zerstören.

Es war klar, dass sie die Probleme lösen mussten, die all ihren Ärger und ihre Frustration hervorriefen, aber zuerst mussten sie lernen, ihre Konflikte auf gesunde, produktive Weise anzupacken. Ohne die Fähigkeit, an ihren Meinungsverschiedenheiten zu arbeiten und sie sich zunutze zu machen, hätten sie sich nur endlos im Kreis gedreht wie in einem Schwindel erregenden Karussell.

Ich stellte Craig und Shannon ähnliche Fragen wie Ihnen zu Beginn des Kapitels: »Welche Rolle spielen Konflikte Ihrer Meinung nach in einer Ehe? Wie geht es Ihnen rein gefühlsmäßig mit Eheleuten, die sich streiten?«

»Oh, das finde ich furchtbar!«, antwortete Shannon sofort. »Es ist *grässlich*, wenn zwei Menschen, die sagen, dass sie einander lieben, sich nicht vertragen können! Als ich noch klein war, stritten sich meine Eltern wirklich wie Katz und Hund. Manchmal regten sie sich furchtbar auf und wurden bei einigen Gelegenheiten sogar handgreiflich. Ihre Auseinandersetzungen waren für meine Schwester und mich so beunruhigend, dass wir uns im Wandschrank versteckten.« Sie machte eine kleine Pause und ihr Blick ging in die Ferne. Sie wurde offenbar in lang vergangene Zeiten zurückversetzt. »Manchmal stritten sie sich sogar in der Öffentlichkeit – lautstark. Es war so peinlich! Ich schwor mir, niemals so zu streiten, wenn ich einmal verheiratet wäre.«

Ich fragte Craig, ob es ihm auch so ging.

»Ich finde einen Zusammenstoß in der Ehe auch traurig, aber aus einem anderen Grund«, erwiderte er. »Meine Eltern stritten sich meines Wissens nie, und sie lebten 52 Jahre zusammen. 52 Jahre! Ich sage Ihnen, ich habe kein einziges Mal erlebt, dass sie sich uneins gewesen wären. Sie hatten eine ganz erstaunliche Beziehung miteinander. Und jetzt frage ich mich: *Warum können Shannon und ich nicht so sein? Was ist mit uns los?* Ich gebe es ungern zu, aber ich habe mich schon manchmal gefragt, ob wir vielleicht grundsätzlich nicht zusammenpassen. Vielleicht hätten wir einander nicht heiraten sollen.«

Du liebe Güte! Ich wusste, da gab es Arbeit für mich. Diese Leute lehnten jede Art von Streit so vehement ab, dass es mich viel Mühe kosten würde, sie davon zu überzeugen, dass Meinungsverschiedenheiten in einer Ehe völlig natürlich und unvermeidlich sind.

»Das Erste was uns klar sein muss«, sagte ich so sanft ich konnte, »ist, dass es bei allen Ehepaaren Konflikte gibt. Das ist nicht von vornherein etwas *Schlechtes.* Craig, ohne Ihren Eltern zu nahe treten zu wollen, aber wenn ein verheiratetes Paar sehr lange ohne Auseinandersetzung zusammenlebt, dann bedeutet das in der Regel, dass einer oder beide Partner ihre Individualität und Einzigartigkeit aufgegeben haben. Irgendwann sind sie dahin gekommen, ihre eigenen Wünsche, Vorlieben und Meinungen nicht mehr auszudrücken.« Ich sah Shannon an und sagte: »Es ist wahr, dass manche Menschen, wie zum Beispiel Ihre Eltern, nicht angemessen mit Konflikten umgehen, und dann wirken sie in der Tat zerstörerisch. Ob Konflikte einen weiterbringen oder verletzen, hängt ganz davon ab, wie man sie anpackt – Tag für Tag.«

Glauben Sie mir, diese Aussage war nur ein erster Schritt auf einer langen Reise, die sie vor sich hatten. Monatelang lehnten sie jede Art der offenen Auseinandersetzung ab und kehrten immer wieder zu ihrem Muster der schweigenden Wut zurück – zu ihrem »kalten Krieg«, wie Shannon es genannt hatte.

Mit der Zeit sahen sie jedoch ein, dass ihre ungelösten Schwierigkeiten wie Ziegelsteine waren, die sich immer höher aufstapelten, bis eine undurchdringliche Mauer zwischen ihnen stand. Noch erstaunlicher war, dass Craig und Shannon schließlich lernten, auf gesunde, konstruktive Art verschiedener Meinung zu sein. Ohne den ganzen emotionalen Ballast wurde ihre Ehe leichter und erfreulicher, als sie es jemals gewesen war.

Klingt das vielleicht zu einfach? Das war es ganz und gar nicht! Es kostete sie große Anstrengung, positive Arten der Konfliktbewältigung zu lernen. Jedem Schritt nach vorn folgte ein halber Schritt zurück. Aber sie blieben dran, und für ihre Ehe zahlt es sich jetzt aus.

Warum halten so viele Menschen Auseinandersetzungen in der Ehe für etwas Negatives?

Viele verheiratete Leute denken, dass Auseinandersetzungen einer Ehe schaden und dass jeder Streit ein Zeichen dafür ist, dass es schlecht um die Beziehung steht. Wenn es nach ihnen ginge, würde es niemals einen Zwiespalt in ihrer Ehe geben.

Wie ich Craig in dieser ersten Sitzung erklärte, habe ich im Lauf meiner Karriere schon einige konfliktfreie Ehen gesehen, und erwartungsgemäß war jede einzelne davon todkrank. Vereinfacht gesagt, wenn man eine Ehe ohne jeden Streit möchte, muss man einen Klon von sich selbst heiraten. Wenn ein Ehepartner dem anderen ganz genau gleicht oder sein eigenes Leben opfert, um das Leben des anderen zu leben, dann ist es durchaus möglich, dass die beiden niemals Meinungsverschiedenheiten haben.

Aber zu einer starken, widerstandsfähigen Ehe gehören zwei gesunde Einzelpersonen, und das Wesentliche an einer gesunden Individualität ist, dass man seine einmaligen, von Gott geschenkten Eigenschaften zum Ausdruck bringt. Um gesund zu sein, muss jeder Einzelne zu dem einzigartigen Menschen werden, als den Gott ihn geschaffen hat. Wenn zwei verheiratete Menschen ihre Einzigartigkeit entfalten, kommt es unweigerlich zu Reibereien in ihrer Beziehung. Jeder fängt an, Gedanken, Gefühle und Vorstellungen zu äußern, die ganz seine eigenen sind und sich von denen aller anderen Menschen auf der Welt unterscheiden.

Sobald die Eheleute erkennen, dass sie beide unterschiedlich und einmalig sind, empfinden sie das möglicherweise erst einmal als Bedrohung. Wenn die Partner verschiedene Dinge glauben und denken, kommt schnell die Furcht auf, dass einer im *Recht* und einer im *Unrecht* sein muss. Sollte dadurch das Gefühl in ihnen entstehen, sich verteidigen zu müssen, könnte das zur Folge haben, dass sich die Ehepartner gegeneinander stellen und einander beweisen wollen, dass der andere schief liegt. Das ist eine typische, aber völlig überflüssige Art, mit der Einzigartigkeit des anderen und mit ehelichen Konflikten umzugehen.

Viel zu häufig weigern sich Paare, sich einer Auseinandersetzung zu stellen, so wie es auch Craig und Shannon lange taten. Sie versuchen, Unstimmigkeiten unter den Teppich zu kehren und so zu tun, als seien sie nicht vorhanden. Vielleicht sagen Sie sich, ehelicher Frieden um jeden Preis sei Ihnen lieber als eine energiegeladene Ehe. Wenn Sie sich so entscheiden, machen Sie einen schwer wiegenden Fehler. Sie schließen eine der wunderbarsten Möglichkeiten aus, die die Ehe bietet – die Gelegenheit, dass das Leben zweier einmaliger Einzelpersonen miteinander verschmilzt und dass sie gemeinsam etwas viel Größeres aufbauen, als jeder von ihnen allein geschafft hätte. Angesichts der Frage, wie Sie mit Ihrer Unterschiedlichkeit umgehen wollen, stehen Sie am Scheideweg zwischen einer Ehe, die Größe besitzt, und einer Ehe, die verhängnisvoll endet.

Die Entscheidung Auseinandersetzungen zu vermeiden wird manchmal von zwei Menschen getroffen, die nie gelernt haben, wie man richtig damit umgeht. Wenn man nicht weiß, wie man einen Konflikt bewältigen kann, ist es nahe liegend, davor wegzulaufen. Es entsteht vielleicht das dringende Bedürfnis, ihn nicht zu Tage treten zu lassen, jeden hitzigen Moment schnell zu unterdrücken und laut und klar zu sagen, dass Streit in einer guten Ehe keinen Platz hat.

Wie Shannon in ihrer Kindheit erfuhr, sind manche Auseinandersetzungen sehr zerstörerisch. Konflikte zum Beispiel, die nicht schnell gelöst werden, wirken mit der Zeit wie ein Gift. Kriege, die man aus alten Zeiten fortführt, sind für jede Ehe ein furchtbarer Feind. Aber es besteht ein großer Unterschied zwischen einer Auseinandersetzung, die man schnell in Ordnung bringt, und einem Streit, der sich Stunden, Tage und Wochen hinzieht.

Einzigartigkeit und Konflikte – der oft verkannte Zusammenhang

In einer guten Ehe haben beide Partner die Freiheit, jede Verstellung abzulegen und echt zu werden. Innerhalb ihrer Liebesbeziehung hat jeder den Rückhalt des anderen, um die eigene Einzigartigkeit zu entdecken und auszudrücken. Aber manchmal erleben sie an einem oder anderen Punkt ihre Einmaligkeit als trennend. In diesem Moment zeichnet sich der Konflikt zwischen ihnen ab.

Genau an diesem Punkt kann eine Ehe ihre schöpferische Kraft entfalten! Zwei Menschen kommen mit dem Besten was sie besitzen, in einer Situation zusammen und tauschen sich vertrauensvoll aus. Vielleicht stimmen sie nicht miteinander überein. Das ist nichts Ungewöhnliches. Sie bringen zwei wunderbar einzigartige Sichtweisen mit, und ob sie die Möglichkeit, einen großen Sprung nach vorn zu machen, nutzen, hängt allein von ihrer Fähigkeit ab zu sagen: »Wir wollen uns genau ansehen, was uns beide unterscheidet. Es kommt nicht darauf an, wer von uns Recht und wer Unrecht hat. Tatsache ist, dass dieser Prozess uns beide bereichern kann.«

Sie sind sich nicht einig, das stimmt, aber was bei dem Konflikt herauskommt, hängt ganz von der emotionalen Atmosphäre ab, in der er ausgetragen wird.

Ich glaube, das Schlüsselelement in einer konstruktiven Auseinandersetzung ist die Geschwindigkeit, mit der sie ausgetragen wird. Mit Uneinigkeit in der Ehe wird man in der Regel besser fertig, so lange sie sich in der *Funkenphase* und nicht in der *Flammenphase* befindet, wie ich es nenne. Sie können sich das so vorstellen: Nehmen Sie einmal an, in Ihrer Küche bricht ein Feuer aus. Wenn Sie schnell einen Topf mit Wasser füllen und das Feuer löschen, ist kaum etwas passiert. Aber wenn sich die Flammen im ganzen Haus ausbreiten, während Sie in Panik nach einem Feuerlöscher oder einem Wasserschlauch suchen, richten Sie großen Schaden an. So ist es auch mit dem Zwiespalt in der Ehe. Die Ehepartner müssen sich gemeinsam mit ihren Meinungsverschiedenheiten auseinander setzen, und das gleich zu Beginn, nachdem sie einander mitgeteilt haben, wie sie über eine Sache denken.

Noch einmal die wesentlichen Punkte: Für gesunde Ehen braucht man gesunde Einzelpersonen. Gesunde Einzelpersonen müssen die Freiheit haben, zu den einmaligen und echten Menschen zu werden, als die sie geschaffen wurden. Es gibt Momente in einer Ehe, wo zwei einzigartige Menschen verschiedener Meinung über eine Sache oder zu einem Thema sind. Sie sollten vollkommen frei sein, ihre jeweilige Sichtweise zu vertreten. Zwei Perspektiven statt nur einer können positiv zu einer Ehe beitragen. Sie sollten schnell erkennen, was sie daraus gewinnen können, und den Konflikt unverzüglich lösen. Unter diesen Bedingungen kann eine Auseinandersetzung enorm wertvoll sein.

Konflikte können dafür sorgen, dass ständig ein positiver Energiestrom fließt

Ich kann mir vorstellen, was Sie jetzt sagen: »Das ganze hochtrabende Gerede über Auseinandersetzungen funktioniert wunderbar in der Theorie, aber es umzusetzen, wenn mein Partner und ich böse zusammenkrachen – du liebe Güte, das ist nicht so leicht!« Da haben Sie völlig Recht. – Wenn Marylyn nicht mit meinem Vorschlag einverstanden ist, wann wir zum Beispiel Urlaub machen könnten, bin ich automatisch geneigt, meine Meinung mit etwas mehr Nachdruck vorzutragen. »Wenn sie in diesem Punkt Recht hat«, überlege ich, »dann muss ich irgendwie falsch liegen. Ich möchte aber nicht falsch liegen – selbst wenn es so ist.«

Wenn ich aber merke, dass Marylyn ganz sanft und liebevoll mit mir umgeht, läuft alles viel besser.

»Hör mir doch mal zu, Neil«, sagt sie manchmal mit weicher Stimme und warmem Blick. Sofort löst sich meine Befürchtung, im Unrecht zu sein, in nichts auf, und ich »höre einfach zu«.

Wenn ich wirklich zuhöre, geraten wir oft in eine freundliche Diskussion und nicht in eine feurige Debatte. Wenn sie ein paar Argumente genannt hat, stelle ich ein oder zwei Fragen, und sie führt ihre Gedanken weiter aus. Jetzt kommen meine grauen Zellen in Fahrt und mir fallen ein paar Ideen ein, die ich zu ihren beitragen kann. Manchmal hat sie einige Fragen zu meinen Ideen, und ihre Fragen bringen mich dazu, sorgfältiger nachzudenken.

Wenn wir unsere Urlaubsdiskussion beenden, haben wir normalerweise einen Plan entwickelt, mit dem wir uns beide anfreunden können. Und fast immer ist dieser Plan weitaus besser als unsere ersten Vorschläge.

So eine Auseinandersetzung ist völlig vernünftig – sie entsteht durch zwei einmalige Sichtweisen, die bei einer relativ kleinen Sache zusammentreffen. Die meisten Dinge, die wir in einer Ehe besprechen, sind von relativ geringer Bedeutung. Folgendes möchte ich hervorheben: Wenn Sie und Ihr Partner vor einer kleineren oder größeren Entscheidung stehen, kann die Art, wie Sie damit umgehen, zu einer gesunden Energiequelle für Ihre Ehe werden. Zuerst sind Sie vielleicht geteilter Meinung, aber noch bevor es Ihnen bewusst wird, haben Sie beide schon Dutzende von Einsichten und Beobachtungen gesammelt, auf welchem Weg man Ihr Problem am besten lösen kann. Im Verlauf dieser Entscheidungsfindung gehen Sie das Thema zusammen von allen Seiten an und betrachten es aus verschiedenen Perspektiven. Jeder hat möglicherweise wesentliche Überlegungen beizutragen, die einen Einfluss auf die Frage haben. Und wenn Sie fertig sind, haben Sie einen Plan, mit dem Sie beide zufrieden sind.

Konflikte zur richtigen Zeit lösen

Fast alle Menschen sehen ein, dass es wichtig ist, Konflikte schnell zu lösen – so dass sie keine Chance haben, einer Ehe größeren Schaden zuzufügen. Der Apostel Paulus schrieb an die Gemeinde in Ephesus: »Versöhnt euch wieder miteinander, bevor die Sonne untergeht. Sonst bekommt der Teufel Macht über euch.«[12]

Es ist nicht so einfach, Auseinandersetzungen zur richtigen Zeit zu bewältigen. Ehrlich gesagt sollte man auch keine hastige Lösung anstreben, denn dadurch wird der Einzelne in der Äußerung seiner Meinung möglicherweise frühzeitig gebremst, und gerade diese Äußerung ist ja so wichtig für eine gesunde Persönlichkeit und ein funktionierendes Zusammenspiel in der Ehe.

Ich habe schon mit vielen Ehepaaren gearbeitet, in denen ein Partner auf eine rasche Konfliktlösung drängte. Das Muster war meistens dasselbe. Der eine Partner versuchte, eine abweichende Meinung zum Ausdruck zu bringen, und der andere Partner fiel ihm ins Wort und sagte: »Ich weiß, ich weiß, ich weiß«, oder: »Okay, okay, okay.« Der Zweck dieser heruntergeratterten Antwort ist klar – der andere soll zum Schweigen gebracht werden und keine Chance bekommen, seine eigene Sicht der Dinge darzulegen. Ich spürte jedoch oft, dass der andere zu früh abgewürgt wurde. Mit der »Ich weiß, ich weiß, ich weiß«-Reaktion wurde angedeutet, dass weitere Erklärungen und Erläuterungen überflüssig wären. Ich hatte aber öfter den Eindruck, dass es nötig war, mich einzuklinken und zum Beispiel zu sagen: »Elaine, ich möchte gern hören, was Sie gerade sagen wollten.« Als Elaine dann ihre Stellungnahme beendete, war es oft klar, dass ihr Mann und ich überhaupt nicht gewusst hatten, wie sie wirklich über etwas dachte.

Meist besteht das Problem jedoch nicht darin, dass man den Konflikt voreilig zu lösen versucht, sondern darin, dass man sehr viel Zeit für die Bewältigung eines Konflikts benötigt. Dafür gibt es normalerweise zwei mögliche Gründe. Zum einen gehen zu viele Menschen davon aus, dass jede verbale Stellungnahme des Partners negativ zu verstehen ist. Wenn Jackie sagt: »Jim, lass mich bitte erklären, wie ich das sehe«, nimmt Jim unwillkürlich die Haltung eines Boxers an, der mit einem fiesen Angriff rechnet. Er ist in voller Abwehrbereitschaft. Seine Haltung lässt erkennen, dass er keine kurze Gerade seines Gegners einstecken will und dass er beim ersten Zeichen der Kampferöffnung zurückschlagen wird. Es ist ganz klar, dass eine solche Verteidigungsstellung jeden Schritt in Richtung einer Lösung verhindert.

Der zweite Grund ist, dass ein Partner im Hinblick auf jede Art von Kritik ausgesprochen überempfindlich sein kann, und es schon als Meinungsverschiedenheit empfindet, wenn er nicht ständig vom anderen hört: »Du hast absolut Recht, Jim! Ich sehe es ganz genauso. Ich stimme hundertprozentig mit dir überein!« Ohne die wiederholte Bestätigung, dass der andere die gleiche Meinung hat, fühlt sich dieser Mensch verletzt, ist oft schnell beleidigt und trägt einen Groll mit sich herum. Der »verletzte« Partner scheint zu denken, es käme dem Eingeständnis einer Niederlage gleich, die beleidigte Haltung aufzugeben, und er kann die abweichende Meinung des anderen nicht als Bereicherung anerkennen, weil er sonst eine Chance verpassen würde, sich verletzt zu zeigen. Dieses Bedürfnis, sich verletzt zu fühlen, wenn der Partner nicht bis in kleinste Einzelheiten mit allem übereinstimmt, was man von sich gibt, verrät, dass das eigene Selbstwertgefühl auf wackligen Füßen steht, und das ist oft ein Hindernis für eine gesunde Konfliktlösung zur richtigen Zeit.

Was man im Einzelnen für den Umgang mit Ehekonflikten braucht

Lassen Sie sich nicht von der Richtung ablenken, in die wir uns bewegen. Auseinandersetzungen können eine Ehe weiterbringen, wenn jeder Partner uneingeschränkt die Möglichkeit hat, seine Gedanken, Gefühle und Ansichten darzulegen. Es ist aber nötig, dass man den Beitrag des Einzelnen gleich zur Kenntnis nimmt und als Bereicherung ansieht, und wenn er mit der Einstellung des Partners nicht übereinstimmt, muss der Konflikt, der sich dann daraus ergibt, schnell und wirkungsvoll geklärt werden.

Damit das gut funktioniert, braucht jeder Partner ein gesundes Selbstwertgefühl, eine angemessene Grundhaltung, einen wachen Verstand und eine beredte Zunge. Ich möchte Ihnen genauer erklären, was ich damit meine.

Wenn man eine gesunde Selbstachtung hat, stellt man fest, dass der Partner nicht in allen Punkten mit einem übereinstimmen *muss*, damit man sich gut fühlt. Das Selbstwertgefühl wird nicht angegriffen. Man ist nicht so verletzlich, dass man die Gedanken und Gefühle des Partners kontrollieren muss, um selbst etwas darzustellen. Man wird nicht jede Meinungsverschiedenheit zwischen sich und dem Partner als kämpferische Auseinandersetzung betrachten.

Sie fragen sich vielleicht, wie man ein solches Selbstwertgefühl erreichen kann. Meiner Erfahrung nach besitzen all die Menschen ein gesundes – also auch kein übersteigertes – Selbstwertgefühl, die eine persönliche Beziehung zum Gott des Universums pflegen. Diese Beziehung schenkt ihnen eine Grundgeborgenheit. Das ist das Sicherheitsnetz, von dem ich in einem früheren Kapitel sprach. Wenn Sie zu dem Glauben kommen, dass Sie bei Gott vollkommen angenommen sind, gewinnen Sie eine tiefe innere Sicherheit. Ihre Selbstannahme hat dann nichts mehr mit Äußerlichkeiten zu tun – wie viel Geld Sie verdienen, wie weit Sie es gebracht haben oder wie viele Menschen zu Ihnen aufsehen –, sondern sie hängt davon ab, wie Sie sich selbst einschätzen. Wenn Sie diese Selbsteinschätzung auf Wahrheiten aufbauen, die viel tiefer gehen als Ihr Aussehen oder Ihr Verstand, dann erhalten Sie ein gesundes Selbstwertgefühl.

Wir haben in diesem Kapitel schon ausführlich über verschiedene Grundhaltungen gesprochen. Ehepartner die davon ausgehen, dass Auseinandersetzungen schlecht für eine Ehe sind, bringen nicht die erforderliche Einstellung mit, die für die Bewältigung und Lösung eines Konfliktes hilfreich ist.

Wenn ich mich auf fünf »Grundsätze des konfliktfähigen Menschen« beschränken müsste, dann sähe meine Liste so aus:

1. Es ist in Ordnung, dass es zwischen uns Unterschiede gibt. Das bedeutet, dass wir beide einzigartig sind, und das ist gut.
2. Ich möchte, dass mein Partner seelisch gesund ist. Dazu ist es nötig, dass er sich selbst treu ist.
3. Ich möchte erfahren und verstehen, was mein Partner über alles denkt und wie er dazu steht, also werde ich gut zuhören, was er sagt.
4. Wenn wir uns in einer Sache nicht einig sind, will ich davon ausgehen, dass wir beide etwas Wichtiges zu sagen haben. Ich werde versuchen, meine Meinung vollständig und deutlich zum Ausdruck zu bringen, und ich werde meinen Partner auffordern, das auch zu tun.
5. Als mein wichtigstes Ziel für die Ehe sehe ich unsere Einheit an. Wenn wir uns in einer Sache nicht einig sind, werde ich mich bemühen zu sagen: »Also gut, Liebling, wie kann ich dir in dieser Sache entgegenkommen und du mir, so dass wir eine gemeinsame Lösung finden?«

Wenn eine solche Grundhaltung mit einem gesunden Selbstwertgefühl verbunden ist, braucht man nur noch einen scharfen Verstand und ein funktionierendes Mundwerk. Ich möchte das erklären:

Marylyn und ich hatten letzte Woche eine Auseinandersetzung, die für unsere Begriffe ziemlich gewaltig war. Am Vormittag war der 24-jährige Sohn enger Freunde beerdigt worden, und der Gottesdienst hatte uns sehr mitgenommen und gleichzeitig auch inspiriert. Der unglaubliche junge Mann war als Freiwilliger mit einem Friedenskorps in Guinea gewesen und dort bei einem schrecklichen Autounfall ums Leben gekommen. Wir waren seelisch völlig am Ende, nachdem wir eine Woche lang mit unseren Freunden getrauert hatten.

Als Marylyn und ich nach Hause kamen, gerieten wir wegen irgendeiner kleinen Sache aneinander. In unserer Müdigkeit vergaßen wir alles, was wir über eine schnelle Konfliktlösung wussten. Schließlich fingen wir an lauter zu werden, und ich sagte einiges, was ich nicht so meinte.

Marylyn rannte aus dem Schlafzimmer und dann aus dem Haus. Sofort fühlte ich mich furchtbar wegen der Dinge, die ich gesagt hatte. Aber ich schaffte es nicht, meinen Stolz herunterzuschlucken, ihr nachzugehen und mich zu entschuldigen. (Ich bin sicher, Sie können das verstehen, also machen Sie mir bitte keinen Vorwurf daraus – obwohl ich ein »Experte« auf diesem Gebiet bin.)

Ich wagte einen Blick aus dem Fenster, um sicherzugehen, dass alles in Ordnung mit ihr war, und sah erleichtert, dass sie friedlich die Blumen vor dem Haus goss. Ich nahm mir vor, ein kleines Schläfchen zu machen, bis sie mit dem Gießen fertig war, und dann leichthin ein Gespräch über unsere »beiderseitige Verantwortung« für unseren »unglücklichen Krach« anzufangen. Aber ich bekam meine Augen nicht zu. An Schlaf war überhaupt nicht zu denken.

Ich ging zur Tür und sagte: »Ich möchte, dass wir miteinander reden. Ich möchte herausfinden, was eben los war.«

Marylyn sah mich nicht an. In solchen Momenten sieht sie mich nie an. Aber sie sagte mit so leiser Stimme, dass ich sie fast nicht hören konnte: »Ich komme in ein paar Minuten.«

Als sie hereinkam, setzten wir uns im Schlafzimmer hin und gingen unseren Streit langsam miteinander durch. Ich sagte: »Was meinst du, um was es bei unserer Auseinandersetzung ging? Wie ist es dazu gekommen?«

Aus ihrer Sicht war die Erklärung ganz einfach. Sie sagte: »Neil, du warst überempfindlich, du hast viel zu abwehrend reagiert, du warst unnötig verletzend und du hast zu laut gesprochen!«

Ich bedauerte, danach gefragt zu haben!

Als ich aber darüber nachdachte und nicht mehr so sehr versuchte, mich selbst zu rechtfertigen, wurde mir klar, dass sie Recht hatte, und ich stellte mich den Tatsachen. Ich sagte ihr, dass ich verstand, was sie meinte, ich gab ihr Recht, dass mein Verhalten verletzend gewesen war, und ich entschuldigte mich bei ihr. Dann hielten wir zusammen einen kurzen Rückblick auf die vergangene Woche. Als wir so darüber sprachen, wurde uns beiden bewusst, warum ich so überempfindlich war, und ich merkte, dass Marylyn nun besser verstand, wie es zu meinem »schlechten Benehmen« gekommen war. Sie kam zu mir herüber und setzte sich neben mich.

Dann begannen wir ein paar andere Dinge durchzusprechen, über die wir uns nicht genug ausgetauscht hatten. Sie erzählte mir von allen möglichen Gefühlen und Gedanken, und ich tat das Gleiche. Ich weiß nicht, ob Sie sich das vorstellen können – es vergingen drei Stunden, ohne dass wir es merkten!

Wir gingen nach unten und bereiteten gemeinsam das Essen vor. Nebenher hörten wir unser Lieblingsprogramm im Radio, und wir saßen den ganzen Abend dicht nebeneinander in unserem großen Sessel.

Was ich mit dieser Geschichte sagen möchte, ist Folgendes: Ich war wirklich wütend auf sie, und sie war wütend auf mich. Aber wir einigten uns schnell wieder! Wir ließen die Sonne nicht über unserem Ärger untergehen. Nachdem wir die Sache durchgesprochen, unsere Gefühle besser verstanden und einander mitgeteilt hatten, wie wir die Situation sahen, fühlten wir sogar noch größere Liebe zueinander als vorher.

Was *Sie* brauchen, wenn Sie in eine Auseinandersetzung geraten – und was *ich* brauche –, sind ein gesundes Selbstwertgefühl, die richtige Einstellung, ein wacher Verstand und die Fähigkeit sich verbal auszudrücken. Wenn Sie wissen, wie man Konflikte rasch in Angriff nimmt und löst, kann sich Ihre Ehe in drei Stunden oder weniger von »unglücklich« in »großartig« verwandeln.

Wie man aus jeder Auseinandersetzung Gewinn zieht

Ich möchte Sie an Folgendes erinnern: Das Ziel ist nicht einfach, eine Auseinandersetzung zu überstehen, sondern sie sich für Wachstum und Fortschritt zunutze zu machen. Mit diesem Gedanken im Hinterkopf nenne ich hier vier Grundregeln, wie man schnell von jeder Auseinandersetzung profitieren kann.

1. *Sie sollten sich völlig im Klaren darüber sein, dass beiden Partnern ihre persönliche Freiheit zusteht.*

Wie ich vorher schon sagte, sollten Sie nicht erschrecken, wenn es in Ihrer Ehe zu Streitigkeiten kommt. Im Gegenteil, Sie sollten erschrecken, wenn das *nicht* der Fall ist.

Ich spreche regelmäßig mit Ehepaaren über meine feste Überzeugung, dass beide Partner in einer Ehe ein legitimes Recht auf ihre eigenen Gedanken, Gefühle und Meinungen haben, besonders, wenn sie im Widerspruch zu den Anschauungen des Partners stehen. Ich ermutige verheiratete Paare, dies in ihrer Ehe zu einem unverzichtbaren Wert zu machen: »Wir beide haben ein legitimes Recht auf unsere eigenen Gedanken und Gefühle, selbst wenn wir uns nicht einig sind.«

2. *Wenn es zum Konflikt kommt, haben beide Partner das Recht, vollständig angehört und verstanden zu werden.*

Ich muss zugeben, dass Marylyn und ich früher genau das Gegenteil praktizierten. Wenn es in den Anfangszeiten unserer Ehe zum Streit kam, missverstanden wir einander mit voller Absicht, um unserer eigenen Position stärker den Anschein zu geben, die richtige zu sein. Die Folgen waren vorhersehbar: Auseinandersetzungen trieben einen Keil zwischen uns, anstatt uns einander näher zu bringen.

Wenn man das Gefühl hat, der Partner weigere sich zu verstehen, was man zu sagen versucht, tötet das jede Bereitschaft ab, ihn seinerseits zu verstehen. Darüber hinaus zieht es sich immer länger hin, bis man all die kostbaren Einsichten verwerten kann, die jeder

Partner mitbringt. Der Streit dehnt sich immer mehr aus, während die Gewinn bringende Goldader auf ein Körnchen zusammenschrumpft.

3. *Jeder Partner sollte die Beiträge des anderen als etwas Wertvolles und Bereicherndes anerkennen.*

Im Augenblick eines Konflikts kann ich Marylyn nicht viel mehr geben als meine Gedanken, Gefühle und Überlegungen. Natürlich gilt das Gleiche für sie. Im Laufe der Zeit habe ich gelernt, dass das was sie einbringt, oft immer wertvoller zu werden scheint, je besser ich es verstehe und mich auf ihre Sichtweise einlasse. Ich bin inzwischen davon überzeugt, dass verheiratete Menschen fast immer aus dem lernen können, was ihr Partner ihnen sagt.

Zum Beispiel habe ich jedes Kapitel dieses Buches, wenn ich es fertig geschrieben hatte, an Marylyn weitergegeben, damit sie es beurteilen konnte. Mit meinen anderen sechs Büchern habe ich das nicht so gehalten. Sie wundern sich vielleicht, warum ich so lange gewartet habe, bis ich ihr Urteil einholte. Ich glaube, ich kam einfach nie auf den Gedanken, von ihr könnten wertvolle Anmerkungen für meine Veröffentlichungen kommen. Früher las ich ihr jedes Kapitel laut vor, und sie machte ein paar allgemeine Bemerkungen dazu. Aber dieses Mal bat ich sie, das Material sorgfältig durchzugehen und mir mitzuteilen, welche Anregungen sie dazu hatte.

Ich kann Ihnen überhaupt nicht sagen, wie gut sie diese Aufgabe erfüllte und wie kreativ sie dabei war. Ihre Fähigkeit, zu jedem Kapitel etwas Wesentliches beizutragen, erfüllte mich immer wieder mit großem Respekt. Ich muss zugeben, dass es sogar Momente gab, in denen ich Angst hatte, sie könnte die ganze Thematik eigentlich viel besser aufarbeiten und darstellen als ich. Was ich aber sagen möchte, ist: Sie geht mit einer einzigartigen Sichtweise an diese Themen heran – so wie jeder Partner in jeder Ehe mit einer einmaligen Perspektive an Fragen und Probleme herangeht. Wenn wir lernen, das als Bereicherung zu erkennen, können wir viel bewusster einen viel größeren Gewinn daraus ziehen.

4. Zuhören, zuhören, zuhören!
Wenn es stimmt, dass jeder Partner in jede Situation eine wertvolle Perspektive mitbringt, dann kann man diesen Wert nur erkennen und nutzen, wenn man zuhört. Geduldiges und achtsames Zuhören, wie Ehepartner es erlernen müssen, ist eindeutig die beste Technik, um die Schätze, die jeder Partner in entscheidenden Momenten in die Ehe mitbringt, zu sammeln und zu bewahren.

Beenden Sie die Konfliktspirale

Ein Konflikt ist im frühen Stadium überwiegend positiv. Wenn Sie ihn schnell und erfolgreich lösen, kann er ein hilfreicher Aktivposten für Ihre Ehe sein. Auseinandersetzungen können jedoch immer gemeiner werden, je länger sie im Dämmerlicht lauern. Einen Konflikt schnell zu lösen ist so hilfreich, weil er sich dann nicht in immer neuen Windungen fortsetzen, zerstörerischer werden und Ihre Ehe in ihren Grundfesten angreifen kann.

Mir kommt manchmal der Gedanke, dass es sich mit einem unbewältigten Konflikt wie mit Staatsschulden verhält. Man muss sie nicht nur eines Tages zurückzahlen, sondern die Zinsen für die Verschuldung steigen auch ins Unermessliche. Wenn Sie und Ihr Partner eine Menge Verletzungen und Frustrationen mit sich herumtragen – Verletzungen und Frustrationen, die Sie nie ausgeräumt haben –, kann es im Lauf der Zeit eine Menge kosten, die Zinsen zu zahlen. Wenn Ihr eheliches Konto aber immer ausgeglichen ist, wird niemals eine Rechnung über die Zinsen kommen.

Nachwort:

So wird aus Ihrer Ehe etwas Wunderbares

Wenn Ihre Ehe deutlich besser wird, hat jeder, der Sie kennt, etwas davon, und Sie und Ihr Partner ziehen den größten Nutzen daraus. Ihre Kinder und Ihre Eltern werden vor Freude Luftsprünge machen. Ihre Freunde und Ihre Kollegen werden fasziniert sein. Die ganze Welt wird ein bisschen besser sein, weil Ihre Ehe glücklicher und gesünder ist. Ich habe oft betont, dass unsere vordringlichste Herausforderung als Gesellschaft darin liegt, den Zustand unserer Ehen zu verbessern. Warum fangen wir nicht mit Ihrer an?

Nach all diesen Jahren als Psychologe kann ich voller Überzeugung sagen: *Die Ehe ist die großartigste Einrichtung, die jemals erfunden wurde.* Wenn eine Ehe in Ordnung ist, ist sie der Platz, an dem zwei Menschen unendlich viel finden: eine unvergleichliche Freundschaft und Kameradschaft; ein tiefes Gefühl der Sicherheit mitten in einer manchmal Angst einflößenden Welt; das tief greifende Erlebnis von Partnerschaft bei der aufregenden Aufgabe, Kinder großzuziehen; die gemeinsame Bewältigung von Lasten, die aus unzähligen Anforderungen und Pflichten entstehen; einen Sexualpartner, dem man grenzenlos vertrauen kann und mit dem man verbindlich zusammenlebt, und einen geistlichen Begleiter, der einen unterstützt und ermutigt und für den man umgekehrt das Gleiche tut. Keine andere Einrichtung kann auch nur im Entferntesten so viele Vorzüge anbieten – und alle in einer Beziehung. Mit diesem wunderbaren Reichtum werden ein Mann und eine Frau beschenkt, die zusammen *eine Ehe führen, die in Ordnung ist.*

Vielleicht ist Ihre Ehe nicht völlig in Ordnung. Was dann? Versuchen Sie in kleinen Schritten, wie ich sie vorgeschlagen habe, etwas für Ihren Ehepartner und Ihre Beziehung zueinander zu tun. Vertrauen Sie darauf: Ihre Ehe kann im Laufe der nächsten zwölf

Monate um mindestens zehn Prozent besser werden, und wenn Sie das erleben, werden Sie beide neue Hoffnung schöpfen. Jede Ehe die dieses Jahr um zehn Prozent besser wird, kann im nächsten Jahr wieder um zehn Prozent besser werden. Sie können sich leicht ausrechnen, wie umfassend sich Ihre Ehe verändern und in den nächsten Monaten und Jahren wachsen kann.

Drei Prinzipien, die Ihre Ehe für immer verändern können

Manchmal machen wir die Ehe zu kompliziert, oder nicht? Wir analysieren sie, nehmen sie auseinander, untersuchen sie, werten sie, erforschen sie und stellen sie auf den Prüfstand. Mein Ansatz, etwas lockerer an die ganze Sache heranzugehen, konzentriert sich auf drei einfache Prinzipien, die Ihre Ehe schnell und erfolgreich von Grund auf verändern können.

1. *Schalten Sie die Kraft des Negativen aus, indem Sie sich auf das Positive konzentrieren.*

Es gibt eine entscheidende Tendenz, die Ehepartner vermeiden müssen, wenn es in der Ehe zu kriseln beginnt, und das ist, ihre Ehe vor allem von der *problematischen* Seite zu betrachten. Viel sinnvoller ist es, die Stärken in der Beziehung zu vertiefen, mehr Wert auf das zu legen, was man gemeinsam besitzt, und die Liebe zu pflegen, bis sie wieder ihre volle Kraft erreicht.

Der Schlüssel zum Wachstum in der Ehe liegt in der Wiederentdeckung all der Gründe, aus denen Sie und Ihr Partner sich ursprünglich ineinander verliebten. Wenn Sie diese verschütteten Fundamente wieder ausgraben, können Sie zu einem frohen Zusammenleben finden, bei dem Sie diese positiven Eigenschaften tagein, tagaus wahrnehmen. Lassen Sie sich gemeinsam inspirieren, lachen Sie zusammen, lernen Sie, optimistisch in die gemeinsame Zukunft zu blicken, und berühren Sie einander liebevoll bei jeder Gelegenheit.

Wenn Sie ein Messgerät besäßen, an dem das Glück Ihrer Ehe deutlich sichtbar abzulesen wäre, dann kann ich Ihnen garantieren, dass der Zeiger nur ziemlich schwach ausschlagen würde, wenn Sie sich fortwährend mit den Problemen Ihrer Beziehung beschäftigten. Die Verstärkung aller positiven Erfahrungen in Ihrem gemeinsamen Leben würde den Zeiger jedoch rasch nach oben schnellen lassen.

Diesen Weg, eine Ehe neu zu beleben, bezeichne ich als die leichte Hand, und überall in diesem Buch weise ich darauf hin. Das Geheimnis ist, nicht mehr so verbissen an der Ehe zu arbeiten und den gemeinsamen Blick nicht länger so angestrengt und gezwungen auf kritische Bereiche, Probleme und Schwächen zu richten. Lernen Sie, das Wachstum Ihrer Liebe ganz sanft zu begleiten, und dann ist es auf einmal wie bei einem der großartigen Torschüsse von Ulf Kirsten – Sie können sehen, wie sich Ihre Ehe weit in die Höhe schwingt und geradewegs auf das Ziel zufliegt.

2. Stellen Sie Ihren Partner ins Zentrum Ihrer Aufmerksamkeit.
Wenn Sie möchten, dass die Liebe in Ihrer Ehe wächst, sollten Sie Ihrem Partner einen hohen Teil Ihrer Aufmerksamkeit schenken. Kaum etwas anderes trägt so viel zum Wachstum Ihrer Liebe bei. Ihre Liebe wächst zwangsläufig, wenn Sie Ihrem Mann oder Ihrer Frau mit einer Überraschung verraten, dass Sie den ganzen Tag an ihn oder sie gedacht haben. Wenn Sie ihren Partner tagsüber zwischendurch anrufen, weiß er, dass er einen zentralen Platz in Ihren Gedanken einnimmt. Wenn Sie den Fernseher abschalten, damit Sie ihm zuhören können, weiß er, wie wichtig er Ihnen ist.

Es gibt unzählige Arten, wie Sie zeigen können, dass Ihre Wahrnehmung auf ihn ausgerichtet ist. Das Prinzip ist so alt wie die Liebe selbst: Wir denken an die Dinge, die wir am meisten schätzen gelernt haben. Wenn jemand ständig die Hauptsache in meinem Kopf ist und wenn ich ihn davon überzeugen kann, dann erkennt er meine Liebe zu ihm – und seine Liebe zu mir wächst.

Eine Grundwahrheit der Ehe ist, dass ihr Zustand davon abhängt, wie umfassend die Liebe zwischen zwei Menschen ist.

Liebe hat damit zu tun, welche Bedeutung jeder für das Leben des anderen hat. Diese Bedeutung kann man daran messen, wie oft ein Partner bewusst an den anderen denkt.

Darum steht auf meinem Schreibtisch ein Foto von Marylyn und auf ihrem ein Foto von mir – dadurch richten wir unsere Gedanken und Gefühle aufeinander aus. Darum beten wir den Tag über füreinander. Darum schicken wir uns immer wieder einmal ein Überraschungsgeschenk und drücken damit aus: »Das ist nur eine kleine Erinnerung, dass ich immer an *dich* denke, denn *du* bist mit Abstand der wichtigste Mensch in meinem Leben.«

Wenn die Arbeit auf Dauer wichtiger wird als der Ehepartner, dann schwindet die Liebe. Natürlich nimmt die eheliche Liebe auch Schaden, wenn ein Dritter zwischen den beiden Partnern steht. Im Zentrum Ihrer Aufmerksamkeit kann nur ein einziger Mensch stehen, und wenn dies immer Ihr Ehepartner ist, werden Sie beide ein unschlagbares Team.

3. Gemeinsame Erfahrungen beleben Ihre Ehe.

Die Ehe ist wie ein schwungvoller Tanz. Wenn Sie und Ihr Ehepartner sich vom Rhythmus der Liebe anstecken lassen, dann wird Ihr gemeinsames Leben um ein Tausendfaches besser sein als alles was Sie allein geschafft hätten.

Die grundlegende Voraussetzung, um in der Ehe miteinander im Einklang zu sein, ist, Ereignisse und Erlebnisse, die wesentlich zum Wachstum der Ehe beitragen, als gemeinsame Erfahrung zu gestalten. Ich habe sieben Aspekte beim Namen genannt und in diesem Buch ausführlich beschrieben. Wenn Sie und Ihr Partner sich jedem dieser Bereiche Ihres gemeinsamen Lebens intensiv widmen, wird Ihre Ehe zu einer reichen und tiefen Beziehung, in der Sie beide zusammenwachsen und miteinander verschmelzen und für immer eine Einheit bilden:

Romantik ist einer dieser Bereiche, die Ihnen und Ihrem Partner das Gefühl von Zusammengehörigkeit geben. Jede Ehe könnte mehr Romantik brauchen! Sie verbindet die Herzen. Ich kann Ihnen garantieren: Wenn Sie mehr Romantik in Ihre Ehe einbringen, wird die Beziehung wieder lebendig. Der Rhythmus Ihrer Liebe wird spürbar – sogar dann, wenn das Leben voller Störungen und Zwänge ist.

Sechs weitere wesentliche Erfahrungen werden Sie auf dem Weg zu einer erfüllten Ehe voranbringen. Da ist zum Beispiel die *Inspiration*. Wo sich zwei Menschen gemeinsam begeistern lassen, können sie Ungeahntes erleben und erreichen.

Versuchen Sie es mit mehr *Zärtlichkeit* – sanft und liebevoll und beständig –, und Ihre Ehe wird milder, wärmer und reicher.

Machen Sie die *geistliche Dimension* zu einem wichtigen Bestandteil Ihrer Beziehung. Unterhalten Sie sich darüber, welchen Platz Gott in Ihrem Leben einnimmt. Wenn Sie im Bereich des Glaubens zum Einklang finden, wird Ihre Ehe eine Kraft gewinnen, die Sie aus jedem Tal hinausführt.

Wenn Sie zusammen *lachen*, Ihrer gemeinsamen Zukunft mit *Optimismus* entgegensehen und lernen Ihre *Konflikte* gründlich und schnell zu lösen, wird Ihre Ehe so unaufhaltsam wachsen wie ein großer, gesunder Baum.

Eine Ehe soll etwas Fröhliches, Erfüllendes und Aufregendes sein und sie soll Spaß machen. Das wird sie auch, wenn Sie sich diesen sieben Aspekten in Ihrem gemeinsamen Leben widmen.

Los geht's! Sie und Ihr Partner haben nur dieses eine Leben zusammen. Verschwenden Sie nichts davon. Es kann ein so *wunderbares* Leben sein.

Egal, an welchem Punkt Sie sich auf Ihrer Ehereise befinden – jetzt sollten Sie die richtige Richtung einschlagen. Wenn Sie das Gefühl haben, festgefahren zu sein, muss das nicht länger so bleiben. Sie können sich vom Lambada-Rhythmus der Liebe anstecken lassen – und erleben, wie lohnend eine solch enge und intensive Beziehung ist. Ich bin wirklich aufgeregt, wenn ich daran denke, was vor Ihnen liegt, und wünsche Ihnen für jeden Schritt auf dem Weg das Allerbeste.

ANMERKUNGEN

[1] Von Kevin Leman sind auf Deutsch lieferbar: Zusammen mit Randy Carlson: *Kindheitserinnerungen.* Claudius Verlag, 1990. – *Geschwisterkonstellationen.* mvg, 2. Aufl. 1998. – *Das Frauen-Anti-Stress-Buch*. Brunnen Verlag, 2001.

[2] Aus: Elton Trueblood: *The Humor of Christ.* Harper&Row, 1964, S. 15.

[3] Norman Cousins: *Der Arzt in uns selbst*. Rowohlt, 2. Aufl. 1996.

[4] Aus: Fjodor Dostojewski: *Der Jüngling*. Aufbau-Verlag 1994, S. 476-477.

[5] Auf Deutsch ist als einziges lieferbar: Agnes Sanford: *Heilendes Licht.* Ökumenischer Verlag, 5. Aufl. 1998.

[6] Gerth Medien, 2. Aufl. 2000.

[7] Martin E. P. Seligman: *Learned Optimism.* Pocket Books, 1990.

[8] J. A. Adande in der *Los Angeles Times* vom 30. Oktober 1999, Sportteil.

[9] Philipper 4,8-9 (nach *Hoffnung für alle*).

[10] Edition Trobisch, 2001.

[11] *Der unbekannte Jesus.* R. Brockhaus Verlag, 2. Aufl. 2001. – *Gnade ist nicht nur ein Wort*. R. Brockhaus Verlag, 2. Aufl. 2002.

[12] Epheser 4,26-27 (*Gute-Nachricht*-Übersetzung).